おひとり
京都の夏涼み

京都 KYOTO

夏季遊

柏井壽

馮鈺婷 譯

本書為《一個人的京都夏季遊》的改版書

目次

地圖製作 ——————
デマンド DEMANDO

推薦序

觸動夏日京都的咒語

旅日作家　張維中

至少有兩種人。在我身邊來過日本的朋友，至少有兩種人，在去過冬天的富士山或夏天的京都以後，總會嚷嚷著再也不要在那個季節去了，可是沒過幾年，卻常又傳來他們在同個季節二度重遊的消息。

富士山很美，但入山以後才會驚覺這座山根本沒有植被，只有一片光禿禿的岩礫風景，其實遠眺才美。山中不只難走，氧氣稀薄，冬天還冷峻到想讓人跳山，是不少朋友的共通感想。然而，真正愛登山的朋友恐怕是無懼的，因此就算是嘴上說再不去了，但對冬天攀爬富士山的刺激感，仍難以抗拒。

至於京都的夏天，簡而言之，就是一個悶熱的火爐。高達九成的朋友，無論日本人或台灣人，在去過炎夏的京都以後，都會對外發表「再也不要夏天去京都」的宣言，可是結果呢，他們多半會食言。確實，誰喜歡在火爐裡玩耍呢？可是大家終究還是被夏天的京都給魅惑了。

我常想，這座千年古都的空氣中，肯定是充滿巫術的，即使盆地的夏天如此令人難耐，但是到訪過的人，不知不覺的又受到這座京城的召喚。

因此，當我開始翻閱柏井壽《京都：夏季遊》，讀到他開宗明義的寫道：「夏天走在京都街頭，光想就覺得熱。從額頭滴落的汗水擦也擦不完，還會熱到頭昏眼花——這麼威脅各位應該不為過吧。雖然有點誇張，但我希望各位出發散步之前都能做好心理準備。」這一段落時，不免點頭如搗蒜。

夏天京都的氣候如此兇猛，可是喜歡京都的人，畢竟依舊愛去，我想那是因為京都的四季，每個季節都有無可替換的特色，而夏天也有著你非得這個季節來，才能感受到的風情。

日本人常喜歡說「僅此才有」這句話，顯露的不只是日本人在性格中，迷戀時間或地點講求「限定版」的特質，更表現出他們對於鄉土風情的自信與驕傲。這句「僅此才有」的話，從京都人的口中說出，當然更是當之無愧。夏天的京都，只有此時此刻才有的東西，別的城市怎麼拚也取代不了的獨家特色，就是令熱愛京都的旅人，即使揮汗如雨，也回味無窮想要再去的理由。

夏天是祭典的季節。一年之中，日本擁有最多祭典的季節正是夏天。如同在《京都：夏季遊》這本書提到的，從祇園祭、七夕祭、御手洗祭到大文字五山送火，這些知名的京都祭典，早已成為日本夏天的代名詞之一。一輩子的日本旅行，要是沒體驗過一次夏日京都的盛典，可謂是沒來過日本的夏天。

夏天也是暢快吃喝的季節。從宇治金時的抹茶刨冰，到鴨川納涼床的各式料理，以及近年來頗受歐美人士鍾愛的「上七軒歌舞練場」夏季啤酒園，不得不說京都是邪惡的，總能使人忘卻正在節食這件事。

炙熱的夏天本來是會讓人食欲不振的。而且，若真要細究的話，坦白說夏日在當旬美食的豐富度上，恐怕是比不上秋天的收穫季。不過，京都的厲害之處，就是有辦法能配合著這地方獨一無二的環境、風情與節慶，把說穿了在其他季節也能吃到的東西，搖身一變成為京都夏日的美食印象。

京都有著豐富的歷史與文化，許多京都人堅守的傳統，塑造出他們獨特的個性。在我身邊有很多日本人，常常都會打趣地說，京都人自成一國。

這兩年來，我因為工作的關係經常往返東京和京都，參與了一份協助京町家旅館的創業工作，讓我看見更多京都的潛規則。像是書中〈屋頂上的神明〉這篇提到的鬼瓦鍾馗像，令我想起，我參與工作的那間京町家旅館，其實都已經開幕了好幾個月，可是直到某一天，製作費時多日的鍾馗像終於安置到屋簷上以後，大家才覺得那一天，像是旅館正式「完整起來」的第一天。

正吻合了柏井壽說：「這些儀式沒有任何科學根據，我們仍不抱懷疑地將其傳承下去。歷經一千二百餘年，依舊沒有絲毫改變，這正是京都之所以為京都的原因。」如此的說法。

明知道夏天的京都，盆地中悶熱無風，讀著《京都：夏季遊》時竟還是升起一股「啊，好想再去流一回汗」的念頭。

百鬼夜行的京都，一定是瀰漫著魔力的。一旦你觸動了夏日京都的咒語，有一天，你就會在夏天回來。

前言

初始、盛時與尾聲——感受夏季京都

享受旅行的方式大致可分為六種：

「行」、「觀」、「感」、「嚐」、「買」、「住」。

這六種方式又會因季節而有所差異，其中最明顯的就屬「嚐」了吧。春季和冬季的美食完全不同，同樣地，四季的旅遊方式也各異其趣。京都之旅更是如此。

我在京都長大，現已年過花甲。經歷六十多個寒暑後，「京都的四季」已經深深印刻在我身體裡。

有時離開京都、身在他鄉，察覺不到季節變化；然而當我一回京都，便能領略「四季」之美。我的雙眼、肌膚、心靈，自然而然感受得到京都的四季。

春、夏、秋、冬——季節雖然只有四種，但季節的推移卻呈平緩的弧形，而非銳角。比方說，食物有所謂的盛產期，而京都的四季也有「盛時」，此外還有「初始」和「尾聲」。

前述六種享受旅行的方式，不僅可以應用在四季，還可應用在四季中的三個階段——亦即初始、盛時、尾聲。6×4×3，這麼說來，京都之旅至少有七十二種享受方式。

日本以前用的是陰曆，陰曆有二十四節氣，還有七十二候。偶然都是七十二，但我的區分方式又和七十二候不太一樣，這也是本系列的特色之一。

就陰曆的算法而言，夏季始於五月、終於七月；在二十四節氣中，夏季則橫跨立夏至大暑等六個節氣。然而，這和現今通用的陽曆所指的「夏季」總有些差距，編纂本書時最煩惱的事莫過於此。

這麼說好像有點誇張，但作為一個「盡責」的京都人，我應該按照陰曆將京都的歲時介紹給各位。不過這麼做可能很難引起觀光客的共鳴吧。

好比京都盛事「五山送火」，每年於八月十六日點亮京都夜空。此時按照曆法已經進入秋季，但若在秋季的旅遊書裡介紹「五山送火」，感覺起來又不太妥當。因此，我最終將其歸類為夏季的儀式。

京都街道宛若棋盤，我也以同樣的概念，於縱軸放入六種旅遊方式、橫軸放入四季各自的時間軸。只要找到縱線與橫線的交叉點，各種季節最適合的遊玩方式也就呼之欲出了。

這次介紹的是夏季，大致為六、七、八月，而這三個月份又各有其初始、盛時和尾聲。我所選取的時間是六月中至八月中，也就是京都最有夏季氛圍的時期。

本書將會介紹：

一、適合夏天的散步行程。

二、夏季活動、夏季特有的景物。

三、適合夏天享用的食物。

四、適合在夏天從京都延伸腳步前往的地方。

五、適合於夏天留宿的旅館。

說到京都的夏天，各位腦中浮現的大多是「祇園祭」、「五山送火」、「川床餐廳」等字眼吧？這些當然也值得親身體驗，但除此之外，還有很多活動只有在京都的夏天才見得到。

「夏天到了。好，去京都吧。」

第一章
走訪夏日能量景點

夏日散步的主題——開運

夏天走在京都街頭，光想就覺得熱。從額頭滴落的汗水擦也擦不完，還會熱到頭昏眼花——這麼威脅各位應該不為過吧。雖然有點誇張，但我希望各位出發散步之前都能做好心理準備。

宜人的春秋兩季，確實可以漫步閒晃；但夏天這樣絕對走不下去。夏天若想在京都散步，必須事先決定目的或主題。這是鐵則，請務必謹記。

要以什麼作為目的或主題呢？夏天散步的目的，一言以蔽之就是「開運」。這麼說或許有點功利，但想在炎炎夏日中行走，正需要這種明確的目的。

京都有許多時下所謂的「能量景點」（Power Spot）。京都是日本千年古都，自然存在著不可思議的力量，甚至稱之為靈力也不為過。「平安京」興建時參考了中國的長安城，也就是現在的西安，據說其中甚至融入風水學、陰陽道等思想。這些思想雖然缺乏科學根據，然而即使是一千二百多年後的今天，京都街頭仍留有一些當時的風采。若在炎熱的夏天造訪京都，便可在散步之餘窺見平安京的風貌。

日本亟欲達到「觀光立國」，許多城鄉苦思該以何種方法、何種事物作為賣點招攬遊客。各地推動振興計畫，還請吉祥物幫忙宣傳、挖掘在地美食、培養導覽志工，然而依舊成效不彰，這就是日本各個觀光區的慘澹現況。

相較之下，京都又如何呢？京都是座千年古都，有許多值得一遊的景點，也不乏美味的食物。無須吉祥物招攬，遊客依然紛至沓來。造訪京都的人數每年多少有所增減，但一年仍可達到七千萬人。

另一方面，百貨公司推出物產展時，日本各地的產品便會齊聚一堂，現場銷售。京都如此受歡迎，在物產展上卻未必是第一名，真教人覺得不可思議。物產展第一名多為北海道，第二是九州、沖繩，京都則多屈居第三。然而就連第三名的寶座，也快被近年頗受歡迎的東北地區奪走。

由此可知，京都吸引人的不是「物品」，而是親身造訪時體驗到的事物。北海道、九州等地，無須特意前往，只要能買到當地的「物品」就教人心滿意足；京都卻是個令人想要親身造訪的地方。

那麼，京都的魅力何在？一般遊客的目標當然是神社佛寺、名勝古蹟、著名餐廳，但我認為更重要的是，遊客實際上都受到京都的「氣」所吸引。

京都人相信有另一個世界，人類的才智和力量都無法在該處發揮作用。因此我們崇敬那個世界，虔誠地低頭祈禱。神社佛寺自不用說，我們也深信神明居住在大樹、磐石、流水等自然景物之中，這就是京都人。

剛才說京都有許多「能量景點」，正確來說，京都作為日本首都長達千年，她本身就是一個充滿能量的地方。

人們之所以爭相前來京都，都是為了獲得京都的能量。

日語表示神佛保佑的「ご利益」（goriyaku）一詞，原為佛教用語，意指以法力施予恩惠。這個詞有利他之意，對自己有利的情況則稱為「功德」（kudoku）。因此，若不憑藉法力就沒有「ご利益」可言。常見的「ご利益がある」（有保佑）一語，其實是錯誤的用

法；「ご利益」所應搭配的動詞是「授かる」（獲得），或者「与る」（得到）、「享ける」（享有）。希望各位來到京都之前先理解這項基本道理。

守護京都的神力

為什麼造訪京都就能求得保佑呢？我們必須回溯至一千二百多年以前，平安京落成之時。了解平安京的建造過程後，自然就會明白。

人們來到京都之所以能獲得保佑，其實是因為京都受到諸多神明的守護。

平安京興建之前，桓武天皇[1]原本將首都設在長岡。長岡位於現今「京都御所」西南方十多公里處。然而僅僅十年之後又遷都至京都。箇中原因似乎就是為了逃離無形的「妖魔」，以求無形的「神佛」庇佑。

我剛才說「ご利益」憑藉法力而得。為使法力發揮作用，祈願者得先保有潔淨的心緒。前往神社、佛寺參拜時必須先至「手水舍」淨身，即是這個道理。

舉個日常生活的例子：化妝時若想畫得美美的，就得先將臉部整理乾淨。衣服也一樣，若想穿得漂亮，就得先調整好體態。

另外，品嚐美食時如果腸胃狀況不佳，也就吃不出美味之處。由此可知，事前準備真的非常重要。

和上述例子相同，開運的必要條件，就是要確定自己沒有厄運纏身。桓武天皇遷都至平安京時，也運用了許多方法以防厄運侵襲。其中最廣為人知的一例，便是風水學中的「四神相應」之說。

北＝玄武、東＝青龍、西＝白虎、南＝朱雀。

所謂「四神相應」，意即掌管天空四個方位的四位神明，以及與其相應的四種地形。亞洲各地自古以來都有類似的信仰，每個國家的對應方式不盡相同，日本一般以「山川道澤」對應之。玄武對應丘陵、青龍對應清流、白虎對應大道、朱雀對應湖沼。

平安京正具備了四神相應的地形。玄武方對應的是「船岡山」、青龍方有「鴨川」、白虎方有「山陰道」、朱雀方則有「巨椋池」，完全符合四神相應的條件。桓武天皇發現這點時，肯定拍著膝蓋嘆了聲「妙哉」。他當初遷都長岡，是想擺脫奈良的佛教勢力；十年後再次遷都，無疑是因為找到了這塊四神相應的寶地。桓武天皇將天災和近親的不幸遭遇，全歸因於「地」，決定另覓他處，再次遷都。京都這塊土地，對他而言完全是意外的收穫。他後來便喜孜孜地將首都遷到了京都。

在科學尚未發達的時代，人們將一切災厄歸因於無形的「邪惡力量」，其中又以怨靈最具代表性。若想對抗無形的「邪」，唯一的方法就是倚賴無形的「神」，這就是風水學、陰陽道的由來。桓武天皇將首都設在四方神明守護之地後，應該也鬆了一口氣吧。

儘管首都佔盡地利，天皇仍然感到不安，因此又在「鬼門」下了番工夫。「鬼門」正如字面，指的是鬼怪出入的方位。陰陽道的鬼門位於丑寅，亦即東北方。日本人每年節分[2]都會朝著吉利的方位大口吃下「惠方卷」。所謂「惠方」亦即吉利方位，每年都不一樣；「凶方」卻從不改變，無論何時都是

船岡山

丑寅方。因此日本人總是忌諱這個方位，還會在此擺上避邪物品。

桓武天皇在京都東北方位設置了兩座寺院：遠方比叡山的「延曆寺」，以及比叡山和御所中間的「赤山禪院」。而最重要的御所鬼門，則設計成凹角，還擺了可以避邪的「神猿」鎮守該處。

為何是猴子而非其他動物？一說因為丑寅的對角為「未申」[3]，另一說則因「神猿」（masaru）與「妖魔離去」（魔が去る，ma ga saru）音近所致，然而無人知其真偽。

話說回來，所謂的「鬼」[4]又是什麼？這也可說是平安京興建後的產物。在這之前或許有概念意義上的「鬼」，但是直到平安時代，「鬼」才真正定型。

「鬼」通常頭上長著兩支尖角，穿著虎皮做的衣服，口有獠牙，指爪銳利。這酷似牛與虎的外形，其實是由鬼門的方位丑寅而來。換句話說，先有鬼門這個概念，才有「鬼」的形象產生。另外，「鬼」的讀音，一說由意指不存在者的「居ぬ」（おぬ〔onu〕）演變而來，另一說則因鬼門在陰陽道中屬「陰」（おん〔on〕）。無論如何，我們都可以確定這個詞源自平安京。

「大丸百貨」屬陽、「高島屋」屬陰

並非只有古時候的平安京才會談論陰陽道……我從小就深刻體會到這點。小學三年級暑假快結束時，我終於寫完作業，祖母為了獎勵我，一大早就帶我到百貨公司。我在「大丸百貨」正門前來回踱步，等待十點開店，一心只想衝進玩具區。開店前一分鐘，店員便在門邊列隊，看著時鐘計算開門時機。我擺出助跑姿勢。報時聲一響，大門隨之敞開。我聽見店員說「歡迎光臨」後正想衝進去，祖母卻一把抓住我的襯衫，將我拉了回來。

她輕輕搖了搖頭，像是在責備我似地，接著走在前頭從容地穿過大門，而我只能不甘心地跟著她。祖母見我露出不解的樣子，對我說了一句話：

「早上店家開門時，男生不可以搶先進去。」

不過她大概認為小孩無法理解這個道理，因而沒有多加解釋，我也沒有追問。直到很久以後，我才明白這句話的涵義。

我記得自己國中最後一年曾和祖父母一起到「SUEHIRO 牛排」吃飯，那間餐廳當時位在四条河原町北側。

我們到達時適逢午餐時段，餐廳正要開店。我祖父是明治時代出生的大男人，總愛先一步走進店內，當時卻不知為何讓祖母走在前頭。他雖然沒有後退三步那麼誇張，但這種不尋常的舉動仍令我十分驚訝，因而問他為何這麼做。祖父回答：

「你聽過陰陽道吧？這是陰陽道的習俗。每種事物都有陰陽之分，女為陰，男為陽。陽比陰強，如果陽先進入某處，陰就難以進入。所以店家不喜歡男客在開店時搶先進入店裡，第一位客人絕對不能是男人。不過，現在也只有京都人會在意這種事了吧。」

多年的疑惑終於在此時解開。沒想到百貨公司還會和陰陽道扯上關係，但聽祖父這麼一說，我就恍然大悟。這種反應證明我也終於成為一個真正的京都人，令我有些自豪。

不過，這個故事還沒說完，後續更加驚人。祖父竟說，百貨公司也有陰陽之分。他先說太陽屬陽、月亮屬陰，十二地支中奇數者屬陽、偶數者屬陰，接著又說：

「『大丸百貨』屬陽、『高島屋』屬陰，所以不能一次逛兩家店。」

祖父早已過世，無法向他確認這番話有何根據，但我倒想起另一件事。

「不可以拿著『大丸百貨』的紙袋走進『高島屋』。」

父母曾經這麼告誡我。我一直以為，兩家百貨公司是競爭對手，顧客為避免店家難堪才會遵守這項潛規則。沒想到竟然又和陰陽道有關。

平安時代陰陽道地位之高，甚至可以左右朝政。但是當時既沒有「大丸百貨」，也沒有「高島屋」，這些說法可想而知是穿鑿附會，卻意外地有說服力。

男人搶先進入店內，不成體統；大搖大擺拿著其他店家的袋子逛百貨公司，也很失禮。前人可能是想假托陰陽道，來傳達這些道理吧？畢竟在京都這個地方，直接說理是行不通的。

鬼與平安京

話題又回到「鬼」與平安京。我想起《宇治拾遺物語》和《今昔物語》裡提到的「百鬼夜行」：傳說每天夜裡，都有「鬼」和妖怪在京都街頭徘徊。這個故事與其說恐怖，不如說還滿有趣的。不知道那些嚇人的鬼怪怕不怕「鬼門」？四神相應＋鬼門守護＝平安京。京都的防護牆堅若磐石，不愧為平安之都。

「四神相應」和「鬼門守護」庇佑京都千年，這些力量綿延至今，並非只是古老傳說而已。正因如此，京都才會這麼迷人，並使來到此地的人獲得保佑，讓人想要再三前來。

另一個例子是「平安神宮」。平安神宮當初（西元一八九五年）是為紀念平安京遷都一千一百週年所建，祭祀的是桓武天皇，同時也意圖在原本的「四方」之外，加上「中央」的

平安神宮

護佑。據說首都遷至東京後，京都中央便開了個「洞」，因此平安神宮的目的正是為了堵住這個洞。**平安神宮的興建，證明平安京即使經歷千年仍繼續存在**。而京都三大祭典之一的「時代祭」，也在平安神宮舉行。

時至今日，沒有人會認為平安神宮和時代祭是新創的事物，彷彿這兩者自古老的平安時代就已存在。平安神宮是京都的重要景點，時代祭也成為京都的盛事之一。

近年來平安神宮更成為四神相應的「京都五社」之一：玄武＝上賀茂神社、青龍＝八坂神社、白虎＝松尾大社、朱雀＝城南宮、中央＝平安神宮（以上皆為地圖A）。我個人認為這種說法有些牽強，但就五所神社的風格而言，確實適合擔任守護京都的要角。走遍「五社」收集朱印[5]，或許真能心想事成也不一定。

古人懼怕無形的事物，相信無形之力，並仰賴該種力量。現代京都人無論相不相信靈魂，每年盂蘭盆節開始時，我們都會前往**六道珍皇寺**（地圖B）迎接祖先，然後於節期結束時點燃「送火」（送り火）恭送祖先。這些儀式沒有任何科學根據，我們仍不抱懷疑地傳承下去。歷經一千二百餘年，依舊沒有絲毫改變，這正是京都之所以為京都的原因。

「不愧是京都」

旅遊節目常有京都特輯，傍晚新聞裡的小單元也常提到京都。日本電視界有句話：「煩惱時就靠京都」。他們一有機會，就會介紹京都這座城市，或是京都的店家。記者介紹完後，畫面回到攝影棚內，這時主播或評論員都會接上一句：

「不愧是京都。」

沒錯，「京都」總是會和「不愧」兩個字連在一起。我也常說這句話，但是我想表達的意思和他們完全不同。

媒體人之所以常將「不愧是京都」掛在嘴邊，是在感嘆「一千二百多年前的平安京竟能留存至今」；而我感嘆的，則是「京都整修得這麼好，宛如當年的平安京，真是了不起」。

我剛才說平安京至今尚存，但我的意思是她存在於京都人心中，或者生活習慣之中。事實上，現在就算找遍整座京都市，也找不到平安京的遺跡。因為大部分的遺跡都已燒毀。

拙著《一個人的京都樂遊》（おひとり京都の愉しみ）也曾提到，這座古城中現存最古老的建築，就是千本釋迦堂（大報恩寺，地圖F）的本堂。其建築時間為安貞元年（西元一二二七年），即鎌倉幕府成立後三十多年。而後，西元一四六七年發生了長達十年的應仁之亂，京都建築幾乎全數燒毀，平安京也就此埋入地底，無人得見。

然而就現代人看來，平安京彷彿仍然留在那裡。所以我才會說「不愧是京都」，並為自己的故鄉感到驕傲。近幾年我寫了許多推理小說，這件事就我看來也像個巧妙的「詭計」。就像讓一個早已死透的人，看起來宛如活著般，騙過觀眾和讀者的眼睛。不過觀眾也是心甘情願被騙的，所以不會有任何問題。

我這麼做只是陳述事實，一點也沒有要打破各位美夢的

「千本釋迦堂」本堂

意思。我只是不想像別人一樣成天幻想，還一廂情願保護自己的幻想，才去查了這些事情。

西元二〇一〇年，奈良慶祝平城京遷都一千三百年，之後仍有不少觀光客往來於奈良和京都之間。我通勤時搭乘的是市營地下鐵烏丸線，這條路線可以直通奈良，所以我經常見到參觀完奈良的遊客，有時還會聽見他們的對話。像我剛剛就遇見一對揹著旅行包的中年夫婦。

「奈良真了不起，竟然留有那麼多奈良時代的建築。」

「對啊，不論走到哪裡都好感動。」

「大家都說京都好、京都好，可是京都根本沒有什麼古老的建築嘛。」

「跟奈良沒得比啊。」

這對夫婦說得一點也沒錯，我連反駁的餘地都沒有。就古老程度而言，京都確實比不上奈良。但是這對夫婦會因此跳過京都，再次回到奈良嗎？我確定他們絕對不會。這就是京都的魅力、京都的魔力。京都和奈良常被人拿來比較，尤其在「觀光」這點上，兩座城市更是有著迥然的差異。簡言之，京都能夠聚集人潮，奈良卻不行。

這麼說對奈良有些抱歉，但是京都在建設時，一直在思考「要怎麼做才不會像奈良一樣衰微」。

京都在實物的古老程度上比不過奈良，所以我們更加注重氣氛的營造。

屋頂上的神明

漫步在京都街頭，抬頭一看，就會看見上頭的屋瓦工藝。

京都町家的屋簷上，總有鍾馗坐鎮。鍾馗是源自中國唐朝的神明，能夠驅邪防火。而京都自古以來流傳的民間信仰，則源自一戶人家大屋頂上的「鬼瓦」。

——從前有位女性臥病在床，疑似是對門屋頂上用以避邪的鬼瓦所致。她的家人請對方拆除鬼瓦，卻遭到拒絕。他們別無他法，只好在自家小屋頂上，放了驅鬼用的鍾馗像，那位女性竟然立即痊癒——屋頂上放置鍾馗像的風俗，也由之而生。近年來這麼做的人家越來越少，然而在西陣、清水一帶，古老的町家櫛比鱗次，那裡仍可見到許多鍾馗像。

如今已經進入平成時代多年，仍然有人會在新公寓的東北角，種植柊樹、南天竹或桃樹，並在周圍撒上白砂。南天竹（nanten）音近「使災難反轉」（難を転じる，nan wo tenjiru），而柊樹和桃樹，則相傳有驅逐妖魔鬼怪的效果。

古老的大型房舍拆除後，在舊址上新建的小型獨棟建築，也有類似的景象。有人將房屋東北角設計成斜切，有人則在東北角擺放南天竹盆栽，藉此保護鬼門。遊客造訪京都，之所以會感到心靈平靜，原因莫過於此。

有了鬼門防護、四神相應的庇佑，還請出鍾馗助陣。

京都人的風俗習慣，自古老的平安時代歷經一千二百年，仍

鍾馗

舊綿綿延續至今。這是京都對抗「真正的古都」奈良的唯一手段。只要風俗不變，京都就能繼續當個歷史悠久的古都。

無水不成「京」

京都迷人之處何在？另一個答案是「水」。沒有水就沒有生命。探索太空時，用以判定月球和火星有無生命的指標也是水。星球上只要有水的痕跡，就代表那裡可能有生物存在。

另一方面，人類自古以來，一直將缺水視為嚴重的問題。日本各地舉行的祈雨神事，正象徵了這一點。人只要缺水就會感到不安，內心也就無法平靜。然而，「水」和「水分」又有所不同。遭遇船難、漂流海上的人，周圍雖然有大量的「水分」，但若飲用水用盡，很快就會一命嗚呼。由此可見人類需要的是可以飲用的「水」。只要有水，我們就能舒適地生活。

京都擁有豐富的水資源，許多遊客自然而然受到這點吸引，才會安心地前來旅遊。沒錯，「水」正是成就京都的重要因素。如果沒有水，當初可能根本不會遷都京都。

一千二百多年前，桓武天皇如何得知京都水資源豐富？這點依舊成謎。然而，據說「水」正是他遷都京都的另一項重要原因。

桓武天皇遷都，當然和前述「四神相應」等風水因素有關，同時也因為大和（奈良）境內，天武天皇系的勢力過於強大，以致桓武天皇想要逃離該處。然而，遷都長岡京僅僅十年後，桓武天皇為何再次遷都平安京？

我雖然不是專家，但就我的推論而言，這件事應該也和「水」有關。

開挖調查後發現，長岡京家家戶戶都有井，也有類似現代下水道的設備。此外淀川匯流處就在附近，物流相當便利。然而當時發生了旱災和河川氾濫等問題，甚至還引起瘟疫大流行。

桓武天皇認為這些災難都屬「水難」，因而遷都京都。換句話說，他是想求助於京都的「水」才會這麼做。

常言道人體有七成是水，而我個人則認為，即使說京都九成都是由「水」構成的也不誇張。

舉個最易懂的例子：每個人都愛京都的「食物」。

近年來，京都幾家有名的餐廳（先不論其好壞，單就名氣而言確實挺有名的）陸續進駐東京，料理師傅異口同聲表示，最難的莫過於「水」的問題。即使東京餐廳的內外裝潢、食材、容器都與京都相同，菜餚仍有所差異。原因即在於「水」。據說以東京的水製成的菜餚，味道和京都就是不一樣。

這是當然的。京都市自來水的硬度[6]為四十二，而東京自來水的硬度則為六十左右，就數字而言沒有太大差異，然而在熬煮高湯時卻有天壤之別。據說東京的水無法煮出昆布的鮮味。即使同為軟水，京都的水仍有一些無法顯示在數字上的奧祕，料理就是個極好的例子。

漫步京都街頭，隨處可見「水」的蹤影，還可見到許多人拿著寶特瓶或塑膠桶，排隊等著裝取神社角落湧出的「名水」，其中也有身穿白衣的日本料理師傅。有些老字號料亭內就有自己的井，不過其他大部分的店家，都有各自愛用的泉水。廚師每天早上汲取泉水後，將昆布浸泡其中，為當天的料理做準備。

在嚐遍京都名店之前，先嚐嚐京都的名水也不錯。

名水之中最廣為人知的就是「京三名水」，另外還有「都七名水」。有名的事物一旦標上數字，通常都會有各派說法，依說法不同，有的列入其中，有的則被排除在外。京都三名水一般指的是「染井名水」、「醒井名水」和「縣井名水」，後兩者已不復存在，而僅存的「染井名水」總是大排長龍。

京都御所東北方的**梨木神社**（地圖D）以秋天的「萩祭」聞名，染井也位於此座神社境內。

以杓子舀水，含至口中。井水整年都帶著涼意，還有些許甘甜，嚐起來十分順口。嚥下後甚至有種洗淨胃部的清涼感受。

京都名水「染井」

神佛與水

「水」擁有許多不可思議的力量，其中最重要的一種就是「淨化」。

京都各地散布著許多佛寺與神社，祭祀對象分別為佛與神，因此兩者的參拜方法也有所不同，但其共通之處在於「手水舍」[7]。

寺域、神域與眾生世界之間，總會設置結界。佛寺的結界稱為山門，神社則為鳥居。眾生在穿越結界前必須潔淨身心，這時用以清潔的正是「水」。

用清水洗淨汙穢後，才能參拜神佛。

先以右手持杓，舀水洗淨左手；接著換以左手持杓，洗淨右手；再次換以右手持杓，左手掌接水漱口；最後清洗左手完成潔淨儀式。各宗派的流程多少有些差異，但無論神社或是佛寺，清潔方式大致都是這樣。

京都人格外重視參拜神佛一事，在這件事上，「水」同樣扮演了重要角色。

話題回到「三名水」。我剛才說三名水中現存的只有「染井名水」，但其實「醒井名水」也出現了復刻版。

原來的「醒井」位於六条堀川的源氏宅邸之中，知名茶人如：村田珠光、武野紹鷗、織田有樂齋，還有千利休，都喜歡使用醒井的水泡茶。可惜應仁之亂後，為擴建堀川通而掩埋了醒井。

和菓子店「龜屋良長」為此感到惋惜，於一九九一年挖了一口井，同樣命名為**醒井**（地圖C）。其位於四条堀川東側，面向醒井通，鄰近原醒井所在地五条堀川。

每次看見「醒井」，我就深深體會到茶與水之間切也切不斷的關係。茶道五月至十月煮水時用的是風爐[8]，熱水咻咻沸騰後，拿起柄杓將熱水注入抹茶碗中。一瞬間，整間茶室充滿茶香。一碗茶是由熱「水」和抹茶構成的。即使抹茶品質再好，水質不好就無法泡出好茶。

茶道三千家[9]都將流派中心置於京都，也和「水」有關。

醒井

裏千家的茶室「今日庵」位於上京區本法寺前町，面向小川通而建，裡頭有座「梅井」。小川通正如其名，附近曾有一條小河流過，從紫明通經過今出川通，流向一条通。三千家沿著這條小河而建，自北起為裏千家、表千家，稍遠處則是武者小路千家。

茶人視「水」如命。千利休的得意門生南坊宗啟，將千利休的教誨整理成《南方錄》，書中提到：「茶水用曉汲者也。」裏千家遵其教誨，於破曉時分汲取「梅井」之水，煮水點茶。

配茶的和菓子也需要「水」。「龜屋良長」之所以重建醒井，正是因為這個緣故。製作練切、金團等生菓子時[10]，水都不可或缺。和菓子師傅表示，若使用硬水，砂糖與和三盆糖（高級砂糖）嚐起來就會過於甜膩。上濃茶前所端出的季節性和菓子，也和京都的「水」有著緊密的關聯。

一千二百年來的水文化

只提茶與和菓子，愛酒者應該不太滿意吧。日本酒製造時，「水」當然也不可或缺。

一般認為「灘之生一本」[11]屬男酒，伏見的酒則為嬌豔的女酒。每個名聲顯赫的酒窖，都有自己的水井。伏見「御香宮神社」境內湧出的御香水，被選為「昭和日本名水百選」之一。令人意外的是，京都市入選的名水只有這一處。

伏見過去也寫作「伏水」，正如其名，是塊擁有名水的寶地。豐臣秀吉在建造伏見城之前，先將宇治川和淀川連接起來，於伏見建起水路。這裡也和堀川一樣，藉「水」促進了貨物流通。搭乘觀光船「三十石船」，仍可一睹當年的風采。

京都具代表性的食物，除了茶、菓子、酒之外，還有豆腐、湯葉（嫩豆皮）、生麩、漬物，以及蔬菜。這些食物只要在前頭加個「京」字，就會變成所謂的京都名產。但若沒有京都的「水」，它們也不可能成為名產。

以豆腐為例，京都幾乎所有的老字號豆腐店，至今仍使用地下水製作豆腐。地下水的水溫穩定，全年維持在十五、十六度左右，而且不含次氯酸鈣等消毒成分。沒有地下水就做不出好吃的豆腐。不過，雖說都是好吃的豆腐，各家店的味道還是有微妙的差異，因為豆腐的味道也會受「水」所影響。京都的地下水有好幾道水脈，其成分依水系不同而有所差異，這些差異也會反映在豆腐的味道上。

蔬菜也一樣。農人常說除了土壤與氣候，「水」也會使作物味道不同。據說京都北部的大原和南部的九条，兩者水質有所差異，因此同樣品種的蔥味道卻完全不同，真有意思。

蔬菜收成後可放入糠床中醃漬。「水」的差異在漬物上更加明顯，畢竟漬物長時間浸泡在米糠和水中，當然會受到影響，但我以前從未想過就連漬物也和水有關係。

水不只影響食物，還影響了京都的傳統染布工藝「京友禪」。昔人常在鴨川和堀川進行所謂的「友禪流」，將染色後的布料浸入水中漂洗，這麼做可以使顏色更加鮮豔。

此外，「蒸」這道步驟，藉由蒸氣讓染料附著在布料上，地下水也在其中扮演了重要角色。色彩繽紛的京友禪，原來也深受「水」的滋潤。

平安京建設超過一千二百年，水資源也源源不絕。京都盆地西、北、東三面環山，這些山脈湧出的泉水潤澤大地；同時盆地的地底深處，也潛藏著足以與琵琶湖匹敵的豐富水源。

京都水量豐富，看似高枕無憂，然而京都人仍一心求「水」，把腦筋動到了琵琶湖上，可見我們對「水」有多執著。首都移至東京後，京都人意志消沉，此時，正是琵琶湖疏水道的大工程為我們帶來了生氣。疏水道的水不只用在南禪寺一帶的日本庭園，也營造出京都的新風貌。

山泉水、地下水，再加上琵琶湖水。對「水」的無盡想望，造就了今日的京都，也可說是有水才有京都。

詳細介紹京都之後，讓我們懷著這些基本知識，實地走走吧。

在夏日裡探索「水」的源頭再好不過。我想先介紹一個行程，走起來不只心情愉悅，其終點處也涼爽無比。

水神之行——從赤山禪院到貴船神社

京都的夏季，由洛北貴船神社（地圖H）的「貴船祭」拉開序幕。貴船神社祭祀的是水神。水之都京都也可說是源自這座神社。

貴船神社的入口是叡山電鐵的出町柳車站（地圖D），這裡也是「鯖街道」[12]的終點，亦即洛北和洛中的交界地帶。

叡電的車型與關東的江之電類似，沿著山脈，由住宅區開往山區。自出町柳站出發後第四站為「修學院」，乘車時間僅需七分鐘。在此下車後，前往赤山禪院（地圖A），其位於比叡山山腳，是一座守護京都鬼門的天台宗寺院。

赤山禪院的神猿

赤山禪院

由車站往東，沿著修學院離宮道步行十五分鐘，會在「修學院離宮」的西北側看見石造的鳥居。您可能會覺得不可思議：赤山禪院雖為佛寺，參道上卻建有鳥居。這是因為赤山禪院祭祀的是「赤山大明神」，寺內至今仍然留有神佛合一的信仰，相當罕見。

寺院境內有「不動堂」、「地藏堂」、「福祿壽殿」、「稻荷社」、「相生社」，諸多神明齊聚一寺，蔚為奇觀。其中最值得一看的，莫過於前述守護「鬼門」的神猿。拜殿正面屋頂上，可以見到被鐵網圍住的神猿。

手持鈴鐺與御幣的神猿，據說是以陶製成，但從遠處無法辨別。神猿手中的御幣似乎為金屬製，頭上沒有戴烏帽。京都御所的「猿辻」（猿ヶ辻）和幸神社的猴子都是以側面示人，赤山禪院的神猿卻臉朝正面，牠可能正聚精會神地守護御所吧。

溯其源頭，當初圓仁（慈覺大師）赴唐，於登州的赤山法華院修行，回程時差點遇難，幸得赤山大明神相救，回國後便興起建立「赤山禪院」的念頭。然而圓仁在世時來不及實現所願，弟子安慧依其遺言，於仁和四年（西元八八八年）將赤山大明神請至當地，與比叡山東側的「日吉大社」共同守護天台宗延曆寺。

據說以大文字聞名的「五山送火」，最初也是為了紀念慈覺大師而辦。另一方面，「福祿壽殿」則用以祭祀「都七福神」之一的福祿壽，新年時會有許多人前來參拜，完成所謂的「七福神巡禮」。這裡的神籤設計成福祿壽的樣子，外型十分可愛。遊客來到這間寺院也可獲得諸多保佑。

話說回來，赤山大明神別名「泰山府君」，相傳是陰陽道的祖神。這座寺院之所以會出現神猿，不只因為它的方位，還因為它和陰陽道有著深厚的淵源。相傳泰山府君還是閻魔大王的左右手。這麼說來，祂和小野篁[13]可能也有關聯。平安時代的名人之間似乎都有聯繫，我覺得這點相當有趣。

見完守護京都鬼門的神猿後，讓我們循著來路，再次搭乘電車前往貴船。

福祿壽神籤

貴船神社

自修學院下一站「寶池」（宝ヶ池）起，電車路線分為兩路：一為比叡山方向，亦即前往「八瀨比叡山口」的路線；二為前往「鞍馬」的路線。

搭乘鞍馬線，經「八幡前」、「岩倉」後，列車會經過「木野」車站。鐵路旁有一間鰻魚料理名店**松乃鰻寮**（地圖A①），坐在車上似乎也能聞到鰻魚香氣，但我們也只能含著淚水，過門而不入。經過幾站後，在終點「鞍馬」的前一站「貴船口」下車。沿著道路走不到三十分鐘就會看見鳥居。雖然還不到山路的程度，但道路四周綠意盎然，帶著些許涼意，走起來不會覺得辛苦，因此適合夏天前往。

貴船神社的「貴船」讀音為「キフネ」（Kifune）。「フ」（fu）之所以沒有變成濁音的「ブ」（bu），正是因為「水」的緣故。相傳其語源為「氣生根」（讀音與貴船相同），意為「氣」所「生」之「根」。不過貴船還有另一個語源，即「黃船」（讀音也與貴船相同）。

從前，浪花之津（大阪灣）有位女神搭乘黃色船隻現身。女神說：「吾為玉依姬，汝等若於此船停泊處建立神社，祭祀神明，吾將保佑大和國土，使人民幸福。」那條船自淀川逆流駛往鴨川，停在水源處，人們便在此建起社殿，因其船身呈黃色而有了「キフネ」（黃船）之名。哪種說法才是貴船神社真正的起源，現已無從得知。我們也不必深究，心誠則靈。

神社境內的「奧宮」本殿前方，有塊名為「船形石」的巨岩，而且真的呈船隻形狀。據說女神抵達後，以小石覆蓋船隻，避免人們看見。本殿下方有個湧水的「龍穴」，使得這則傳說彷彿史實一般。

在這裡，傳說與史實沒有明確的分界，而這也是京都耐人尋味的地方。

貴船和洛中地區有著明顯的溫差。不論數值，單就體感溫度而言，至少低了五度。一到這裡，身上的汗水就被風吹乾了。這座神社氣氛神祕，就算水之女神突然出現也不奇怪。

貴船神社的「水籤」（水占おみくじ）也相當有意思，只要將籤紙放在水面上，水的靈

力就會使文字浮現出來。這現象當然有其科學原理，但當你將水籤放進靈泉，目睹文字出現的瞬間，科學之類的應該都會被拋諸腦後吧。

✽斷緣與結緣✽

貴船神社還有另一則帶有夏日氣氛的傳說[14]。能劇謠曲《鐵輪》講的就是這則故事。故事中的「丑時參拜」源自《平家物語》的「宇治橋姬」傳說，是個相當可怕的詛咒儀式。

女子身穿白衣，披頭散髮，以白布將三腳鐵環綁在頭上，再點上三根蠟燭，脖子上掛著圓鏡，口中銜著梳子——看起來一點也不像正常人。我在《一個人的京都樂遊》中詳述過，她從洛中的五条一帶，走到了洛北這座神社，最恐怖的莫過於那種怨念。

所謂丑時參拜，就是將稻草人靠在神社的御神木上，舉起木槌將五寸釘釘入其中，執行時間為丑時，即凌晨兩、三點，至少要連續實行七天才能使詛咒成真。貴船神社「結社」（中宮）大桂樹上綁著許多祈願繪馬，看見那些繪馬不僅汗水全消，還會讓人打起寒顫來。

貴船神社還有一則逸聞：平安時代的才女和泉式部來此祈求夫妻和睦，最後得償所願[15]。我個人不願詳述其內容，至於那到底是則美談，還是則淫穢故事，可能就見仁見智了吧。總之可以確定的是，這座神社確實有助於夫妻破鏡重圓。

不過，「破鏡重圓」意味著要先「破鏡」才能「重圓」。因此這座神社和許多「結緣」神社一樣有「斷緣」的效果，想要斷絕關係的人也可來此祈願。

相傳貴船神社還是繪馬的發源地。這裡既是賀茂川的源頭，也是京都靈力的源頭。即使你不想斷緣也不想結緣，仍可在夏日裡來此乘涼、祈求保佑。

貴船神社於每年六月一日舉行「貴船祭」。當天早上十一點，許多善男信女聚集在本宮前方，由宮司的祝詞拉開祭典的序幕。因此如果可以的話，請盡量在十一點前抵達。這場祭典既是夏日的起點，也是春日的終點。

❈ 貴船的川床 ❈

難得在夏日造訪貴船，各位一定很想吃些川床料理，可惜據我所知那裡幾乎沒有值得推薦的店，因為我總覺得它們的餐點和價格都不成比例。不知道是不是廚房離座位太遠，天婦羅和鹽烤香魚端出來都是冷的；不然就是像過時的旅館料理一樣，大量菜餚一字排開。與其吃那種超過一萬日圓的宴席料理，不如吃個流水素麵（流しそうめん），更能體驗川床風情。

店家會將一人份兩束的素麵，分成十幾次送過來。素麵從蘆葦隔出的小屋順流而下，拿著筷子等待素麵也是一大樂事。附溫泉蛋的餐點，一份一千三百日圓。客人在最後夾起桃紅色的梅素麵就算結束。流水素麵最適合當作夏日午餐，用餐地點則可選擇**廣文**（ひろ文，地圖H㊹）。好，各位走到這裡應該也花了許多時間。夏天散步容易消耗體力，請勿勉強自己，但若您還有餘力，可以繼續從貴船走到**鞍馬寺**（地圖H）。

在「廣文」吃完流水素麵後，朝車站方向走去，會在貴船川的本宮附近見到一座朱漆小橋。越過小橋，前方這條山路據說就是牛若丸（源義經）與天狗一同修行的地方，可由此前往魔王殿、鞍馬寺。經過背比石、本殿金堂、多寶塔走到仁王門需要將近一個小時，總距離超過兩公里，高低差也超過兩百公尺，相當險峻。即使是陰涼的山路也不容大意，建議做好身心準備再前往。

不過，走到「仁王門」後，再走一分鐘即會抵達叡電鞍馬站，輕輕鬆鬆就能回到市區。唯有夏天，才能享受探索京都水源的洛北之旅。

橫越龍馬相關地——從東山到二条城周邊

前面由南到北，縱向走過京都這座城市；這次就讓我們學學螃蟹，由東到西橫向行進吧。

二〇一〇年ＮＨＫ播出大河劇《龍馬傳》，可見坂本龍馬受歡迎的程度歷久不衰。

當時我受雜誌所託，兩度造訪「龍馬相關地」高知，並順道前往長崎取材。高知是龍馬的故鄉，長崎是他大展身手的地方。兩地皆發揚各自特色，投注心血招攬遊客。

繼高知、長崎後，龍馬的生命終結於京都。京都也投入前所未有的熱忱，致力營造龍馬景點。那麼，究竟是哪一處最會攬客呢？

坂本龍馬與中岡慎太郎之墓

參拜龍馬墓

京都最為人熟知的龍馬景點，莫過於伏見。龍馬在阿龍機警協助下，在寺田屋襲擊事件中逃過一劫，阿龍後來也成為龍馬的妻子。伏見以「寺田屋」為中心，周邊有「龍馬通商店街」，裡頭還有在賣「龍馬壽司」，可說是全京都最受龍馬粉絲喜愛的景點。不過許多旅遊書都介紹過伏見，在此就略而不談。畢竟清一色都走龍馬路線，在炎熱的夏日走起來只會更加煩悶。

讓我們以東山為起點，循著龍馬的腳步，造訪京都的祕密景點吧。

首先是**靈山護國神社**（地圖A—a）。龍馬之墓正位在此處，這件事眾所皆知，前來參拜的龍馬粉絲絡繹不絕。除此之外，這裡的景色也相當優美。靈山護國神社建在東山的山腳坡地上，可將京都市區風光盡收眼底。景色雖然不及如意嶽（大文字山）的火床，但街景大致上都看得很清楚。即使不是龍馬粉絲，也可前來一遊。

龍馬熱潮興起前，說到「靈山護國神社」，京都人通常都會想到那裡的觀音像。另外像我祖父一輩的人，則稱之為「京都招魂社」。

明治元年（西元一八六八年），京都在天皇命令下建立了日本第一座官祭招魂社，用以祭祀幕末的殉難者，後來也祭祀二戰中身亡的軍人。觀音像正是為了撫慰亡靈而建，歷史雖短，但追思之情卻十分深遠。

離開神社向西而行，沒多久就會見到「高台寺」。高台寺太過知名，在此就不詳細介紹，該寺近年以夜間點燈招來人潮，相當有生意頭腦。再往前走就會來到「圓德院」。我曾在另一本書中提到，我將此院的「三面大黑天」視為自己的守護神，經過這裡當然不能視而不見。雙手合十敬拜完後，繼續向北前進，就會抵達「八坂神社」，這裡是京都最有名的神社，大部分的資訊都已刊載在其他旅遊書裡。不用說各位也知道，八坂神社即「祇園祭」的總本社。七月的京都街頭，隨處可見祇園祭的風采，不過這些等到下一章再

龍馬墓附近的景色

談，讓我們繼續趕路。

接著可以提前去吃午餐。會這麼建議各位，當然有其原因。

TORI 新：親子丼

這條路線中我最推薦的就是 TORI 新（とり新，地圖 B⑥）的親子丼。還不到中午，繩手通新橋角的石板道就開始出現一些排隊的顧客。這間店基本上是從十二點開始營業，但人潮過多時他們也可能提早開店。

店裡有兩張桌子和八人座的吧檯。老闆一個人最多只能同時做三人份，平時大多都是一次做兩人份。等待時間依人潮而定，通常得在店外先等二十分鐘，進入店內再等十分鐘，合計至少要等三十分鐘，不過等這麼久絕對值得。我這個人最討厭吃飯排隊，連我都這麼說了，不會有錯。

煮得略硬的米飯，配上和蛋一起炒過的雞肉，中間再放上一顆生蛋黃。拌開生蛋黃的時機相當重要，我都是一開始就拌開，然後大吃一口。山椒粉也是一大重點，京都的傳統吃法就是多撒點山椒粉。桌上放著竹筒裝的山椒和「一味」辣椒粉，先拿「一味」卻連看都不看山椒一眼的人肯定是觀光客。京都人正好相反。我雖然愛吃辣，但也不會在親子丼裡加入味道過重的「一味」。

能夠一次吃到親子丼和美味的蛋黃拌飯，是何其幸福的事。這間店本業賣的是雞肉鍋，雞肉有多好吃自不用說。白飯、雞蛋、雞肉三位一體，從舌尖經由喉嚨滑進胃裡。隨餐附上的湯品和漬物也無懈可擊，真是頓完美的午餐。

本書第三章會再次提到，「TORI 新」是雞肉料理百年老店「鳥新」所經營，位置開在這一帶，硬要和龍馬「攀關係」也不是不行，但是他們卻沒有這麼做。從一碗小小的親子丼，就能看出他們這份骨氣。有良心的「京」料理店年年減少，這間店可謂相當珍貴。他們既不以龍馬為賣點，也不以京都為賣點。即使需要排隊，也該來這間店捧場一下。

龍馬於木屋町通留下的足跡

往南走到四条大橋，渡過鴨川，越過先斗町，沿著木屋町通向北走，這裡也有好幾處龍馬留下的足跡。

沿著木屋町通向北走過三個路口後，會先看到立誠小學的遺跡，接著轉進西邊巷子就會看到一座小神社。這是**岬神社**（土佐稻荷，地圖B），其為土佐藩的鎮守社。剛才的小學前方豎有石碑和立牌，上頭寫著「土佐藩邸跡」。龍馬因犯脫藩之罪，被送至土佐藩邸禁閉一週，據說他當時曾整天望著這座神社。

讓我們回到木屋町通，繼續向北走。木屋町通與六角通的交叉口有塊石碑，說明龍馬的妻子阿龍曾經住過這裡。

繼續向北走到大黑町，龍馬曾在這裡的**酢屋**（地圖B）住過一段時間，直到被人暗殺的前三天。據說當時經營木材生意的酢屋老闆，在前往土佐藩做買賣時認識了龍馬，兩人志趣相投。龍馬在此設置了海援隊總部，並將留宿一事以信件告知自己的姊姊坂本乙女。

店家二樓重現當時的模樣，並且開放遊客參觀。

為什麼木屋町通會有這麼多龍馬的足跡？因為流經此地的高瀨川可以通往伏見，是條重要的水路。

從木屋町通走到三条通後向西而行，就會來到幕末騷動的主舞台「池田屋」，該處現已成為年輕人聚集的居酒屋。瞥過一眼後，即可走到河原町通，沿著設有天棚的「三条名店街」向西前進。這條路上沒什麼值得一看的事物，但有天棚遮蔽陽光，走起來不會太熱。

岬神社（土佐稻荷）

酢屋

離開天棚路段後，三条通上的人潮仍未減少。近年這一帶開了許多主打年輕客群的時尚精品店，因此人潮總會一直延伸到烏丸通。

自烏丸通和三条通的交叉口向北走，就會來到烏丸御池交叉口。

二条殿跡

這片土地上過去有著各式各樣的建築……有些至今仍完整留存，有些則連一塊瓦片都不剩。這還只是地面上的情況，若進行開挖調查，便會發現許多地底下的遺跡，其實仍保有往昔風光。烏丸御池附近，佔地甚廣的**二条殿跡**（地圖C）正是一例。

地點位於京都御所西南方，自烏丸御池往北，再往西一些。由地名「二条殿町」可以看出二条殿存在過的事實，據說現在的御池之町、龍池町，也曾包含在二条殿的範圍內。

這裡最早是陽明門院（禎子內親王）的御所，後來作為藤原家宅邸，而後又成為後鳥羽天皇退位後的御所。歷經一番曲折，後來成為了二条家世世代代的宅邸。要明白這座宅邸當時有多華美，只要對照「洛中洛外圖」就一目瞭然，圖中清楚繪出宅邸和南側的庭院。

後來織田信長看上這間宅邸，相傳他是個「鳥不鳴則殺」的性急武將，因此將二条家趕出宅邸，將此「二条殿」當作自己上京時住的別墅。另一說則認為他為二条家準備了新居，以禮相待。歷史總是必須參考兩方說法才能更了解全貌。

無論如何，近年的開挖調查發現，織田信長擁有這座京都別墅後，建造了一間可以欣賞庭院景致的三溫暖浴場。浴場裡有一棟鋪著木踏板的小屋，還有用以洗淨身體的大釜，以及豪華的浴池，就連現今的日式旅館都會為之汗顏。織田信長或許也曾在此入浴，並且用以招待客人吧。

四百多年前，日本人也像現在一樣，喜歡在大自然的包圍下入浴，從中感受到無上的奢華幸福。站在高聳的大廈之間，遙想往昔的風采，這也是京都特有的散步樂趣。

從御金神社到二条城

由二条殿的遺跡向西而行。這裡的兩替町、衣棚、釜座等道路名稱，顯示出昔人賴以為生的職業，十分有趣。走到西洞院通後向北轉，左側的鳥居金光閃閃，不同於一般的紅色鳥居。這是**御金神社**（地圖C），乍看之下很想將御金讀成「おかね」（okane，音同「錢」），但它其實讀作「みかね」（mikane）。

與大眾期待相左，這間神社原本祭祀的並非「金錢」，而是「金屬」。話雖如此，該神社祭祀的神明最近也被奉為「錢神」。從金融業者、彩券迷到賭徒，想要獲得財運而前來參拜的人絡繹不絕。若您想知道這裡是否真有神力，請您在境內抬起頭來，一棵大銀杏樹聳立在眼前，其為御金神社的御神木。

請仔細觀察這些樹枝的形狀，是不是就像龍一樣呢？有些樹枝宛如升天神龍一般，冬季的枯枝更是明顯。神龍、龍馬都是吉利的事物，前來此處肯定能獲得財運。

御金神社的繪馬設計成銀杏造型，相當討喜。另外，自助式販售的黃金錢包也很不錯。神社雖小，卻有許多值得一看的地方，適合夏天散步時前往。

離開神社向北走，再沿著押小路通向西而行，很快就會看見「二条城」。我最近很喜歡那附近的**京都全日空皇冠廣場飯店**（地圖C），飯店前有條小水渠，古時的堀川能像這樣以小溪的形式重生，令我欣喜萬分。

御池通至**一条戻橋**（地圖E）一帶，近年沿著小溪鋪設了一條步道。步道比堀川通的車道還要矮上一階，讓人可以不用在意車流、安心散步。各處都設有長椅，途中還會從

御金神社

御神木銀杏

二条城附近的步道

幾座橋下穿過，可說饒富變化，將來應該會成為一條極受歡迎的步道。京都有好幾條步道可以不用在意車流，又可感受四季更迭。我心中的前三名分別是鴨川、京都御苑、哲學之道。不過堀川通這條步道的樹木若能栽植得更加完善，我有預感它也能與前三者匹敵。行至一条戻橋附近，來回三公里左右，大約四十分鐘可以走完。

一条戻橋是千利休遭到梟首示眾之處。附近除了晴明神社以外，還有許多景點，等到其他季節再行介紹。

順帶一提，在「京都全日空皇冠廣場飯店」前方還可見到二条城建城時的古老石牆。

京都有十七座世界遺產，幾乎全部都是神社、寺院，唯有這座二条城不同。日本歷史上的一大轉折「大政奉還」即在此舉行，二条城也因此廣為人知。

二条城雖然是座「城」，但是現在已經看不出城殿面貌。城內五層樓高的天守閣於寬延年間（西元一七五〇年）遭到雷擊燒毀，本丸殿舍和櫓（望樓）也於天明年間（西元一七八八年）被大火燒毀。城內仍有二之丸御殿和庭園等可看之處，不過其他旅遊書已有詳細介紹，在此就不多談。

神泉苑：會旋轉的惠方社

沿著御池通向西而行，車道於堀川御池路口縮減為兩線，不久便會看到象徵神域的玉垣。這裡是**神泉苑**（地圖C）。看見石造鳥居以及池塘上架設的朱漆橋，您可能會誤以為這是座神社，但它卻是如假包換的真言宗寺院，而且「御池通」之名據說也由此而來。

位於平安京東南方，過去是一所廣闊的禁苑。禁苑也寫作「禁園」，意指皇居內的庭園。古時這裡禁止一般人進入，裡頭有座大池塘，遠比現在的神泉苑更大，池塘內湧出清澈的泉水，此地也因而被命名為「神泉苑」。本堂祭祀的是聖觀世音菩薩，一旁的石燈籠上則刻有弘法大師（空海）的名字。

「神泉苑」與弘法大師的關聯，來自一場祈雨儀式。

平安初期天長年間（西元八二四年）發生乾旱，當時舉辦了一場祈雨大賽。參賽的是「東寺」的代表弘法大師，以及「西寺」的代表守敏僧都。弘法大師於神泉苑的池塘中請出「善女龍王」，誠心祈願後，甘霖立刻從天而降，弘法大師也因此贏過守敏。據說西寺勢力因而衰退，以廢寺告終。這則故事還有後話，不過同樣等到其他季節再談。

話題回到神泉苑。弘法大師證明神泉苑的神力後，這裡又舉行了祭祀早良親王的「御靈會」。其後，貞觀十一年（西元八六九年）瘟疫流行之時，還舉辦了「祇園社」（八坂神社）御靈會，人們列隊遊行，並豎起六十六支長矛，數量相當於日本各行政區數。相傳這場祭典正是今日祇園祭的前身，可見神泉苑確有悠久的歷史。

此外這座寺院還有許多逸聞。傳說這裡是源義經與愛妾靜御前相遇之處，在姻緣方面特別靈驗。另外，寺內還有全日本唯一的「惠方社」，祭祀的是歲德神。惠方社的小祠每年都會面向該年的「惠方」，換句話說，小祠本身是可以旋轉的。

每年十二月三十一日晚上十一點，工作人員就會將小祠轉向隔年的「惠方」，全日本也只有這裡，會依年份改變祠的方向。

離開神泉苑，穿越御池通的馬路向南轉就會來到大宮通。接著就讓我們繼續朝著這條路線的終點前進吧。

若走累了又有點餓，這裡正好有一間蕎麥麵店。店前掛的紅燈籠上，寫著店名「**蕎麥處 更科**」（地圖C㉖）。

夏天最適合吃清爽的蕎麥麵。這間店其他麵類和丼飯也不錯，但最亮眼的還是蕎麥麵，其醬汁味道豐富，饒富京都特色。店家

神泉苑

惠方社

所在地並不起眼，也不是什麼名聲顯赫的餐廳，但總是座無虛席。我猜大概沒有任何一本旅遊書介紹過它，不過真正好吃的通常都是這種店，與其費勁跑到旅遊書介紹的餐廳，排完隊後又在店家催促下倉皇進食，不如來這裡好得多。這間店肯定會讓你一試成主顧。

出了店門後向南走，會看見西側一間房子的屋頂上放著不可思議的木雕像。

上頭有兩隻邪鬼[16]，看起來就像在拚命保護房子一樣。作用應該和京都各處常見的鍾馗像相同。這房子原本是間藥局，邪鬼當時很可能也兼具吉祥物的作用。抬頭看完這令人莞爾的奇特木雕後，繼續向前走一會兒，就會來到設有天棚的三条通。沒錯，這裡也是三条通。三条通上的天棚自寺町通路口消失，經過一段沒有遮蔽的路段後，又在堀川通路口重新出現了。

屋頂上的邪鬼

這條「三条會商店街」從堀川通路口一直延伸到千本通路口，有各式各樣的商店，從以前到現在始終做著同樣的生意。河魚、蔬菜、點心，每種食物都能滿足常客的味蕾。和近來一味討好觀光客的錦市場相比，這裡更可能藏有足以代表京都的商品。沿著東西向路線選購土產，也是一大樂事。

武信稻荷神社的大朴樹

從三条通和大宮通的交叉口往西走，經過「西友」超市之後，在下一個路口往南轉，會在右側看見朱紅色的鳥居。我們已來到這條散步路線的終點：武信稻荷神社（地圖C），這也是一座和龍馬有關的神社。

朱紅鳥居兩側擺放著稻荷神社特有的白狐，而非一般神社常見的阿吽狛犬。神社裡最醒目的，要屬那棵樹齡估計有八百五十年的大朴樹。這座神社之所以和龍馬有關，也是因為這棵大樹。

當時在武信稻荷神社的南側，有一所名為「六角獄舍」的監獄，這所監獄受到幕府直接管轄，關了許多尊王派的志士。阿龍的父親楢崎將作，也曾因為經常替尊王派人士看病而被關入其中。阿龍和龍馬數次前往六角獄舍，然而當時女性無法進入獄中探監，龍馬也因遭人追殺而無法與之會面。這時龍馬心生一計，與阿龍一同爬上這棵大樹，從樹上窺探監獄內的情形。

我們無法得知這則傳說是否屬實。不過，高知出身的龍馬，脫藩時曾經穿越深山小徑，爬樹對他而言應該不算什麼。當我抬頭仰望這棵大樹，彷彿能聽見有人用高知方言說話。

這則大朴樹的故事還有後話。

龍馬後來遭人追殺而和阿龍走散，一個人躲了起來。阿龍擔心他的安危，在那附近四處尋找，但都找不到人。有一天，阿龍突然想起兩人數度造訪過的「武信稻荷神社」，還有神社內的大朴樹，立刻動身前往。她仰望大樹後，驚呼一聲。大朴樹的樹幹中央刻著一個「龍」字，似乎就是龍馬留給阿龍的訊息。

武信稻荷神社留下這麼棒的故事，然而那些介紹龍馬的旅遊書，卻極少提及這座神社。為什麼？原因可想而知，因為那些書都不是實地走訪後寫成的。

我提過很多次，市面上許多介紹京都的書籍，都是抄襲之作，令人難以忍受。尤其是介紹龍馬的書，更容易犯下這種錯誤。我之所以知道這座神社，是因為入住「京都全日空皇冠廣場飯店」時，早晨散步偶然經過那裡。實地走訪後發現新事物，這樣才有意思。每個人走同一條路，注意與在意的事物都不一樣，因此一百個人就會有一百種心

武信稻荷神社

神社境內的大朴樹

得。未曾實地走訪，僅蒐集相關書籍、查閱網路資料，做出來的書當然都差不多。介紹的都是同樣的景點、同樣的店家。這種毫無特色的京都旅遊書不知道有多少。

本章介紹了兩條散步路線，若您走訪後能發現不同的風景，那麼這些介紹也就值得了。這對作者而言是無上的幸福。

本書可說是一張空白的地圖。請您拿著這張地圖，在上面塗色、書寫吧。

1 日本第五十代天皇，在位期間為西元七八一年至八〇六年。桓武天皇即位時，首都位於奈良的平城京，西元七八四年遷都至長岡京，西元七九四年又遷都至平安京，開啟平安時代。

2 原指立春、立夏、立秋、立冬前一天，江戶時代後專指立春前一天，當天有許多驅邪招福的習俗活動，如撒豆子、吃惠方卷等。

3 日語十二地支的讀音與十二生肖相同，因此「未申」讀作「羊猴」（ひつじさる），下文的「丑寅」則讀作「牛虎」（うしとら）。

4 日語的「鬼」（おに〔oni〕）指的是下文描述的有角妖怪，鬼魂則稱為「幽霊」（ゆうれい〔yūrei〕）。

5 參拜神社或佛寺後，支付少量金額，可請社方或寺方提供名為「朱印」的參拜證明，多為白底、黑字、紅章的形式。收集朱印時必須使用專門的簿子，稱為「朱印帳」。

6 水中鈣、鎂等礦物質的含量，單位為「毫克／公升」。硬度高者稱為硬水，低者稱為軟水。

7 位於神社、寺廟的參道或社殿旁的淨水池。供參拜者洗手與漱口。

8 茶道煮水器具依季節而有所不同，十一月至四月用的是嵌於地板中的「爐」，五月至十月用的則是置於地板上的「風爐」。

9 茶道流派中，以千利休為祖者稱為「千家流」。千利休孫輩之後分為「表千家」、「裏千家」、「武者小路千家」，三者合稱「三千家」。

10 練切（練り切り）、金團（きんとん）皆為和菓子。練切由白豆沙和白玉粉製成，多捏為花朵等精緻形狀；金團一般由番薯和栗子製成，京都特指品茶時吃的高級菓子，呈鬆散圓形。生菓子則指水分較多的菓子，如糯米菓子、日式饅頭、羊羹等。

11 兵庫縣灘五鄉（今津鄉、西宮鄉、魚崎鄉、御影鄉、西鄉）所產的高級清酒。另外，日本俗稱酒中濃郁辛烈者為男酒，柔順甘甜者為女酒。

12 連接若狹（福井縣西南部）和京都之間的道路，主要用以運送海產，其中又以鯖魚居多。

13 平安前期的官員，因其反骨精神別稱「野狂」。相傳其在世時，每天晚上藉由水井通往地獄，輔佐閻魔大王判案。

14 相傳一女子遭丈夫拋棄，心懷恨意至貴船神社參拜，在神官指示下，頭綁蠟燭化身成女鬼復仇。

15 根據《沙石集》記載，和泉式部請巫女祈福時，巫女要求和泉式部捲起裙襬露出陰部，以作為儀式的一環，和泉式部當場拒絕，其丈夫藤原保昌窺見這一幕後深受感動，兩人重修舊好。

16 四天王像腳下的鬼怪，因犯佛法而受到懲罰，總是呈現苦悶表情。

第二章
夏季的節慶

夏季初始——從六月半開始

日語「月並みな表現」指的是平凡無奇的形容方式。由此可見，「月並み」（tsukinami）這個詞大多用來形容平庸而無聊的事物，但它的本義其實是「每個月的例行活動」，就某方面而言也是非常重要的事。另外日語裡還有「日並み」（hinami）一詞，指的是「每天的例行活動」。

對一個家庭來說，每天早上於佛壇上香並向祖先致意，就是重要的例事。而京都每個季節都有重要活動，在此就讓我們稱之為「日例事」與「月例事」吧。不用說各位也知道，京都是座觀光城市，因此，這裡有許多為觀光客而設的店家和機構。然而，人們卻很難從中見到京都的真實樣貌。施了脂粉的京都實在太過京都。真正的京都不在濃妝豔抹之處，反而藏在「素顏」的店家和食物當中。

唯有梅雨季能夠一窺「便服」的京都。觀光客在這短暫的期間內減少許多。京都御苑和鴨川雖是觀光不可或缺的一環，卻也是京都人休憩的場所，去了這些地方，就能見到京都人的真實面貌。

比方說，正在遛狗的京都人，看見拿著相機的觀光客會問：

「需要幫你拍照嗎？」

真正的京都人，每當見到有人因喜愛而造訪這座城市時，都會覺得高興。「謝絕生客」（一見さんお断り）、「京都人請吃茶泡飯[1]」（京のぶぶ漬け）等「神話」中深植人心的冷漠形象，其實只是旅遊旺季時，對於大量湧入的遊客所採取的一種防禦機制。若您避開旺季，窺見京都人平時的模樣，肯定會覺得和先前那種冷漠的形象大相逕庭。

若能見到雨中的京都，可真要感謝上蒼了。京都在雨水的滋潤下，散發出一股寧靜風情。那種豔麗的姿態，在晴空之下絕對看不到。

京都近年越來越常以濃妝示人，若您受不了那種媚態，建議可以在梅雨季時前來。六月既是夏季初始，也是雨的季節。到了這個時期京都人大概也累了吧，無論政府或民間都沒有舉辦特別的活動。遊客反而能夠心平氣和，以自己的步調享受京都之旅。

夏天的繡球花

接下來將介紹夏季初始時，值得走訪、值得一看之處。京都從此時開始換上夏裝。以體感而言，夏季初始約從六月半開始，六月初仍是春季的尾聲。曆法上的入梅時間為六月十日以後，但實際上這卻是梅雨正盛之時，也是雨滴落在綠葉上，使其呈現鮮豔色澤的季節。

當季的花朵為繡球花，又名紫陽花。

別名「紫陽花寺」的**三室戶寺**（地圖I）與**藤森神社**（地圖A）的繡球花較早開花。兩者皆位於洛南地區，距離洛中雖然有點遠，但只要搭乘京阪電鐵或JR，就能一次前往兩個地點。遙想《源氏物語》的光源氏，漫步細雨之中，也別有一番情調。

洛北鷹峯的**常照寺**（地圖A）、嵯峨的**二尊院**（地圖J），兩處的繡球花則從六月半一直綻放至七月；京都和繡球花意外地相配。

祇園放生會

祇園的**巽橋**（地圖B）或許可說是全京都最京都的地方。電視劇和旅行節目提到京都時，畫面上一定會映出這座橋。這裡也經常出現穿著舞伎、藝伎[2]裝束的人。和此處最無緣的，就屬修行僧了吧。然而一年之中唯有一天，可以同時見到比叡山的大阿闍梨[3]，和舞伎一同站在這座華麗的橋上，該活動名為「祇園放生會」。

放生會是一項傳統的宗教活動，目的是勸人不可殺生，日本各地皆有，舉行時間各不相同。京都祇園於六月上旬（第一個星期日）舉行，活動內容是將鯉魚魚苗放生至白川當中。此時正值梅雨季節，但不可思議的是，每年這一天幾乎都不會下雨，讓人得以在夏日陽光之下，見到阿闍梨難得的親民模樣。

地方報紙和電視台都會報導這項活動，京都人

祇園「巽橋」

見到後，就會有種「夏日近了」的感覺。

這時，請各位注意阿闍梨所戴的斗笠。現今大受歡迎的京都特產「阿闍梨餅」，就是以此為原型，但是竟然很少人知道這件事。請別因為商品很有名、很多人買，就跟著排隊購買，最重要的是去思考商品的「起源」。阿闍梨餅既有嚼勁，又甜而不膩。阿闍梨餅的發明人，念及辛苦修行的阿闍梨，抱著想要效法他們的心情，設計出這款京都最受歡迎的點心。了解這點後，相信您的京都之旅也會更加充實。

看完阿闍梨的斗笠，請再看看舞伎的髮簪，她們這時戴的應該是「柳」樣式的髮簪。舞伎的髮簪會隨著季節，正確來說是隨著月份而有所不同。六月是「柳」、七月是「團扇」、八月是「牽牛花」和「芒花煙火」。不過，祇園祭期間，資歷較深的姊舞伎會戴上一種名為「祭典」的髮簪。一般人扮的假舞伎就無法學得這麼像了。

「變身舞伎」這門生意由來已久。在秋葉原一帶扮成動漫角色是個人自由，但在祇園附近扮成舞伎可就令人噴飯。有些女性連一般的和服都沒穿過，一來就換上舞伎裝扮，怎麼有辦法穿著厚底木屐好好走路？有人走累了還直接坐在路邊，不少好奇心重的遊客見到後，便舉起相機拍下這種醜態。她們正因想要受人矚目才會扮成舞伎，看見相機當然會開心地擺出姿勢供人拍攝。久而久之，遊客也開始要求真正的舞伎這麼做。

前些日子，報紙也曾大篇幅報導過這類事件。有人抓著舞伎的衣領強迫對方面向鏡頭，有人托起舞伎的下巴拍下特寫。報紙上說這種野蠻行徑層出不窮，受訪舞伎表示，有時甚至會感到懼怕。扮裝舞伎在這件事上也有責任，報紙雖沒寫到，我個人卻這麼認為。舞伎、藝伎是京都的重要職業，肩負守護傳統的重任。想扮成舞伎，請好好修業一番，等學會了正規的言行舉止再來。

阿闍梨需要「修行」，舞伎需要「修業」。兩者都是下了一番苦功之後，才能站上「放生會」的舞台。

南禪寺：水路閣

從洛東名剎清水寺，沿著東山山腳的緩坡走到銀閣寺。這條既是京都知名的觀光路線，也是許多京都人喜愛的散步路線。其中，哲學之道的起點南禪寺以北的路段，有疏水道流經，相當寧靜。這個季節最值得前往的莫過於**南禪寺**（地圖A）。大盜石川五右衛門對南禪寺的櫻花讚不絕口，此時雖沒有櫻花，南禪寺景色仍堪稱一絕，該處還可俯瞰京都街景。

雨中的「三門」美得令人驚豔。仰望三門之後，走向「水路閣」。這座由紅磚砌成的拱形建築，其實是琵琶湖疏水道中重要的一段。水路閣彷彿懸河般高出路面，上頭的渠水由東向西流淌。一般遊客可能抬頭看過水路閣，但很少近距離觀察它是如何運作的。夏日來此，請務必去看看上頭的水道。若有雨水落在由東向西的水流上，將更添其風采。

從這裡往西走一些，走到蹴上傾斜鐵道附近，就會看見俗稱「扭曲隧道」（ねじりマンボ）的紅磚隧道。隧道口鑲著一塊陶製匾額，這種陶藝品是本地過去出產的「粟田燒」。粟田燒已經隨著時代洪流消失，只留下這塊匾額供人憑弔。上頭刻著「雄觀奇想」四個大字，看起來帶有很深的情感。雨天總會令人發思古之幽情。

穿過茅輪進行「夏越祓」儀式

六月最後一天，也是一年的中點。京都許多神社都會舉辦「夏越祓」（夏越の祓）儀式，為的是清除半年來的罪孽和汙穢，祈求下半年無病無災。

儀式內容是要穿過神社境內設置的「茅輪」，口中唸著「水無月行夏越祓之人，可延命千歲」等詞句，以一定的方式繞過茅輪。繞圈方式很難用文字說明，每座茅輪旁都有解說牌，請按照指示行動。京都主要的神社幾乎都會舉辦這項儀式。

京都人參拜完後，都會去和菓子店買「水無月」來吃。水無月是種樸素的三角形和菓子，以酷似冰塊的外郎[4]作基底，再放上能夠除厄的紅豆。這可說是當天不可或缺的食物。

談個題外話，京都第一的名旅館**俵屋**（地圖B⑭），這段時期也會在門口放置茅輪。茅輪不僅是京都夏季的代表物，也象徵了「夏越祓」這項夏季的重要儀式。唯有俵屋這種名旅館，才會將茅輪放在門口。其他旅館常用大紅色的野點傘、錄音帶奏出的琴音、舞伎團扇和風鈴，來營造出「京都夏季」的氛圍，可見俵屋真是獨樹一格。

螢川

近年來螢火蟲已經少了很多，但京都各處仍有所謂的「螢川」。亮光是螢火蟲的求愛信號，用以吸引心儀的對象。螢火蟲總讓我想到「一個夏天的短暫戀情」這句話。洛北上賀茂神社裡的「楢小川」和「御物忌川」都有螢火蟲飛舞。下鴨疏水道旁也有，府立大學附近的河流，數量更多。另外像下鴨神社的泉川、哲學之道、鴨川支流禊川等各條小河之中，都能見到螢火蟲的蹤影。

爬滿螢火蟲的窗戶稱為「螢窗」，京都雖然沒有螢窗，但是市內仍有好幾條「螢川」值得前往。雄螢發著光在水面翩翩飛舞，雌螢則停在樹葉上發光吸引雄螢。螢火微微照亮京都，宣告夏天的到來。人工的夜間照明，絕對無法營造出這樣的風情。

夏季盛時——七月

祇園桑

七月的花朵為桔梗，那淡紫色的花瓣彷彿能消除夏日暑氣。京都有幾座寺院以桔梗聞名，如**盧山寺**（地圖D），紫式部曾待過此寺；又如**金福寺**（地圖A），此寺與松尾芭蕉、與謝蕪村等俳句名家有著不解之緣。

這個月全京都充滿祇園祭的氣氛，可說是「祇園桑」（祇園さん）的季節。祇園桑——許多京都人都以這個暱稱來稱呼祇園祭。

梅雨正盛的六月尾聲，總會聽到有人用京都腔說：

「祇園桑快到了呢。」

「是啊，之後會越來越熱。祇園桑一來，夏天也跟著來了。」

一般人認為祇園祭僅持續數天，主要儀式只有七月十七日的「山鉾巡行」，以及前一天的「宵山」。然而實際上祇園祭是從七月一日的「吉符入」開始，經過二日的「鬮取式」、十日的「鉾建」，來到最重要的十七日，最後以三十一日的「夏越祭」作結。從頭到尾整整持續一個月。

七月的京都街頭，到處都是「祇園桑」的影子。祇園一帶平時總是夜晚較為熱鬧，唯有這段時期不分晝夜，人潮紛至沓來。每個人都興致高昂，興奮之情溢於言表。

京都是座盆地，夏天難免悶熱潮溼。乾脆參加祭典一次「熱」個夠吧，這也是只有夏季才能享受到的樂趣。漫步祇園，親觸祇園桑、品味祇園桑，感受京都民眾的熱情，時而找個涼爽之處歇腳。最棒的七月京都之旅莫過於此。

✻為期一個月的祇園祭✻

貞觀十一年（西元八六九年），為使蔓延全京都的瘟疫消退，舉行了祈福的「祇園御靈會」，此即祇園祭的前身。祇園祭的歷史長達一千一百多年，早已深植京都人心中。七月隨處可以聽見鉦、太鼓等樂器構成的祭典音樂「祇園囃子」，店家也會以白底紅字、豔麗風雅的舞伎團扇裝飾門面。京都這座城市，正是透過祇園桑來享受夏日的美好。

持續一整個月的祇園祭日程如下：

吉符入（一～五日）：祈求祇園祭過程平安的儀式。

長刀鉾町御千度（一日）：長刀鉾町的稚兒[5]前往八坂神社參拜，祈求儀式平安。

鬮取式（二日）：於京都市役所抽籤決定山鉾巡行的順序。

山鉾町社參（同）：鬮取式結束後，各山鉾町前往八坂神社參拜。

鉾建、山建（十～十四日）：各町於町內組裝鉾車、山車，自此之後祇園桑的氣氛更加濃厚。

御迎提燈（十日）：迎接神轎的提燈隊伍，從八坂神社繞行至寺町通。

神輿洗式（同）：點燃火炬，將神轎抬至四条大橋清洗。

稚兒社參（十三日）：長刀鉾的稚兒騎馬至八坂神社參拜。

宵宵山與宵山（十五、十六日）：各座山鉾掛上駒形提燈，於傍晚點燈，祇園囃子隨之響起。四条通一帶禁止車輛通行，路上滿是穿著浴衣的參觀者。

山鉾巡行（十七日）：各山鉾以長刀鉾為首，在四条烏丸集合後，沿著四条通往東走，至河原町通向北轉，再沿著御池通走到新町通。最精采的莫過於山鉾在各路口所進行的「轉角」（辻廻り）。山鉾無法轉彎，所以要在地上鋪青竹，以人力讓山鉾在竹片上轉成直角。

神幸祭（同）：傍晚，八坂神社的三座神轎於市內繞行後，停駕於四条御旅所，待至二十四日回駕。

花傘巡行、還幸祭（二十四日）：將出巡的神轎迎回八坂神社。

神輿洗式（二十八日）：於四条大橋清洗神轎後，將神轎歸位。

夏越祭（三十一日）：傳說「持有蘇民將來之護符者，可免於疾病之苦」，八坂神社內的疫神社因而於鳥居設置茅輪，供人穿越參拜。

大致日程如上所述，然而這只是概略性的流程，這段期間內還有「獻茶祭」、「狂言奉納」等各項活動。只有觀光客才會認為祇園祭等同於宵山和山鉾巡行，京都人眼中的祇園祭，則是為期一整個月的祭典。

✻舞伎團扇✻

其實不只在祇園一帶，京都其他地方的高級日式料理店，或者花街附近的餐廳，都可看到這種寫著舞伎或藝伎名字的團扇。

寫著舞伎名字的團扇

這種扇子又稱「京丸扇」（京丸うちわ），六月中左右，舞伎和藝伎便會將團扇當作名片，發送給自己經常造訪的茶屋和餐廳。光是看到上頭以白底紅字寫成的名字，就讓人覺得豔麗無比。

扇子背後印有家紋，七月之後，她們也會將扇子送給熟客。輕搧扇子，彷彿能聞到淡淡的脂粉香氣隨風飄來，也不知是不是錯覺。京丸扇基本上沒有在市面上販售，因此入手相當困難，不過有些旅館或餐廳，也可能會將扇子送給客人。

✽ 祇園祭的「粽」 ✽

京都許多民宅和商店的屋簷，都會吊掛除厄用的「粽」。過去山鉾巡行時，民眾會撿拾山車或鉾車拋出的「粽」，帶回家掛在門口作為除厄的象徵。現在為避免危險已經不會拋「粽」，轉而交由各山鉾町的會所來販賣。

屋簷掛的「粽」

八坂神社的祭神為「牛頭天王」，亦即「素盞嗚尊」。相傳古時候素盞嗚尊想找地方借宿一晚，富裕的「巨旦」拒絕了祂，貧窮的「蘇民將來」卻予以熱情款待，令祂極為感動。素盞嗚尊後來成為散播疫病的「行疫神」，一口氣毀滅了巨旦的國家，並與蘇民將來約定，絕不傷害他的子子孫孫，還告訴他掛「粽」有除厄的效果。這就是為什麼民宅屋簷上掛的粽都寫有「蘇民將來子孫也」。

部分山鉾町，只要買了粽，就能進入山鉾內參觀，而且將粽帶回家掛在屋簷還有除厄效果。夏天來京都玩，帶些粽回家正好。

曉天講座與早粥、精進料理

七月底、八月初盂蘭盆節開始之前，天氣可說是熱到最高點。這時京都市內許多寺院都會舉辦「曉天講座」。

曉天，如其字面，是要在天將破曉之際，望著夏日晴空離開家門，穿過寺院山門聽僧說法。最近也有寺院辦在設有冷氣的房間裡，但大多數的寺院，還是會讓善男信女在門戶大開的本堂集合，聆聽住持講述佛法。

此講座還有綠蔭講座、晨朝講座等別稱，但大多寺院還是稱之為曉天講座。晨朝即卯時，也就是現在說的六點左右。

其中最知名的莫過於**知恩院**（地圖A—a），於七月二十七日至三十一日一共五天，不只講經說法，還會請來各界名人舉辦公開講座。

走進寬闊的國寶「御影堂」，坐在榻榻米上聆聽將近一個小時的金玉良言。身體平時習慣了冷氣的溫度，一開始會微微冒汗，不久之後，便能感受到寺院境內吹來的涼風。這也是參加曉天講座才能獲得的額外收穫。

「知恩院」的御影堂

人的「感覺」相當奇妙，轉眼間就能習慣新的事物，但若用心感受，很快又能找回原本的感覺。不論是電風扇還是冷氣，只要按下開關就會自動送風。然而大自然卻不是這麼回事，我們必須耐心等待。等著等著，就能察覺微風吹來的瞬間，從中感受到涼意，同時也明白微風有多麼可貴。或許正因身處寺院之中，才會有這種體驗吧。光是能夠找回皮膚的感覺，參加曉天講座也就值得了。

早上七點講座結束後，還有另一件樂事，就是品嚐早粥。知恩院境內的「泰平亭」會準備芋粥（地瓜稀飯）供參加者食用。

講座和早粥都是免費的，令人不勝感激！這種時候，就會想為寺院多添點香油錢。泰平亭裡面有個商店，買盒「知恩院七大不可思議」的最中菓子送人正好，其價格也很合理，一盒六個菓子只要九百八十日圓。

付了五百日圓的庭園參觀費後，即可在廣闊的境內散步，一一參觀「知恩院七大不可思議」。從早到午，花半天時間參觀完知恩院，午餐時還可品嚐精進料理（素齋）。

沒想到竟然很少人知道，知恩院也吃得到精進料理。不過，想吃的話必須在五天前預約。知恩院的精進料理製作用心，有一千五百日圓、菜色簡單的「知恩便當」，也有四千日圓、極為豐盛的「葵御膳」。即使選了葵御膳，想想早上的曉天講座、早粥、境內參觀，全部加在一起，也可說是度過了悠閒的半天，而且還吃了兩餐，這樣算起來，比老字號料亭的早粥還要便宜。光是從早餐的選擇，就能看出遊客對京都這片土地的了解程度。

曉天講座令人得以潔淨身心。其他寺院如金戒光明寺、相國寺、東福寺也有舉辦，但是有些講座必須事先申請，請先查詢日程等相關資訊之後，再行前往。

夏季尾聲——八月

「祇園祭」結束後，京都更加酷熱。不過其實八月七日左右就已經立秋，所以大暑之後到八月這段期間，也可說是夏季的尾聲。

京都的夏季，人們每天都在思考如何消暑、如何和暑氣共存。京都人雖對盆地的溼熱感到厭煩，卻仍深愛這片土地，因此用盡各種方法忘記甚至是克服此地的暑氣。

以京都的町家建築為例，町家格局狹長，涼風難以吹入。京都人卻在裝潢上發揮巧思，即使微風吹過也能感受到涼意。「通庭」和「坪庭」[6]都是利用自然原理所建的消暑結構，然而京都人的智慧不止於此，我們還會讓風「被看見」。

即使只有一縷微風吹過，蘆葦拉門、竹簾、布簾，還有庭院種植的棕櫚樹葉都會隨之搖晃，讓人得知風的蹤跡。看著搖晃的竹簾，人也跟著涼快起來。這既是京都人的智慧，也是京都風情所在。

扇子、綠蔭、川床餐廳、散發著清爽醋香的壽司。這些事物為京都的夏日帶來涼意，漫步京都，很容易就能見到這些事物。

您一定可以在夏季京都之旅中，不斷發現京都真實的一面。

破曉的京都

不少人認為京都夏日熱得超乎尋常，因此觀光時也會避開這個季節。

京都白天的暑氣、夜晚的溼熱，確實連長年居住此地的人都受不了，而且不論過了多久都無法習慣。唯一涼爽的只有早晨。即使酷熱如京都，在太陽高升之前，也有一小段涼爽的時刻。

因為居民高齡化的緣故，京都的一天開始得越來越早。

京都御苑、鴨川堤畔，天將亮未亮的破曉時分開始，就會看見走動的人影。老夫婦相伴散步，小狗在他們腳邊玩耍，慢跑的中年男性從旁經過時，道了聲早安。這樣的光景每天早上都看得到。這就是京都的日常，也是京都的便服樣貌。京都隨著時間推移，總會改變自己的衣著和妝容，白天畫淡妝、夜晚畫濃妝。然而那只是面對外人時的表情，而且還帶著幾分媚態。

早晨時，不只步道，連在麵包店和食堂也能一窺京都日常。熟客拿起常買的商品遞給店員時，總是不忘用京都腔和對方寒暄幾句：

「今天好像也很熱呢，這個麻煩你結一下。」

「好的，謝謝您經常惠顧。」

保持不即不離的絕佳距離，於早晨時寒暄幾句——這點正展現了京都人的「涼爽」性格。既非白天，也非夜晚，唯有早晨才能感受到涼意。不過這也可說是夏季尾聲的特色。

說到八月的花朵，我個人認為絕對非百日紅（紫薇）莫屬。京都各處如京都御苑、金閣寺都看得到百日紅，但我個人的祕密景點，則是在**相國寺**（地圖D）的塔頭「長得院」境

夏季的鴨川

內。

廣闊的相國寺內，散布著好幾座塔頭。相國寺名列「京都五山」第二名，然而其境內的「長得院」，觀光客卻無緣造訪。長得院大門深鎖，有種拒人於千里之外的氛圍。我遵守禮儀，靜下心來打開門鎖進入境內，一眼就望見百日紅的豔紅花朵。

之所以對這座塔頭情有獨鍾，其實是因為我家墳墓就位於此。我的祖父母和父親長眠此寺，陰曆盂蘭盆節我必會前來掃墓，每次都為這裡的百日紅感到著迷。百日紅實在太美了，令我不禁在此向各位介紹。我祖父傾心於白樺派文學，他親手豎立的墓碑上，刻有武者小路實篤的名言：「天有星　地有花　人有愛」（天に星　地に花　人に愛）。

百日紅因枝幹滑順，因而讀作「サルスベリ」[7]。光滑的樹幹配上豔紅的花朵，真是風情萬種，彷彿燃燒於夏日之中。

下鴨「糺之森」：納涼舊書市集

每年陰曆盂蘭盆節前，準備要迎接祖先的時候，下鴨神社外的糺之森（地圖D）就會舉辦「納涼舊書市集」。

賀茂川與高野川流貫京都市內，匯集成鴨川。糺之森正位於河川匯流處的三角洲上。此處的原始森林保存著上古風貌，時值盛夏仍有涼風拂過，從早到晚都有京都人來此納涼。這座森林也是下鴨神社的參道，換言之，糺之森可謂聖域，因此涼風中總帶有莊嚴的氣氛。

納涼舊書市集舉辦時，會有好幾十間以京都、大阪為首的舊書店來此擺攤，販售各式各樣的舊書，種類從古籍到漫畫都有。客人不分男女老少，每個人都是一大早就來挑選自己喜歡的書。

在此我想推薦的是京都相關的書籍。

最近京都的書店，大多會在店裡最顯眼的地方設置一個京都專區，並且在此陳列大量的旅遊書。從小型的文庫本到大型的攝影集，種類從神社佛寺到美食導覽，所有能想到的內容都有。由此可知，京都的旅遊書真的是一本接著一本出個不停。

然而這些書大部分都很類似，不是照抄就是模仿其他書籍。還有不少美食書讓人以為自己看的是店家廣告，可信度極低。

看慣這類旅遊書的人，見到以前出版的書籍肯定會覺得非常新鮮。

岡部伊都子、國分綾子、大村しげ——這三位作家描寫的京都生活多麼有意境！而且她們每篇意境深遠的文章之中，幾乎都帶有批評、批判，無愧於「散文家」的名號。反觀現今的作家，卻像店家的傳聲筒一樣，兩者著實有天壤之別。曾幾何時，介紹京都的書籍全都變得只會吹捧。

當時和現在一樣有許多女性作家，然而兩者的寫作態度完全不同。當時的作家不僅能夠提出有說服力的意見，也具備辨別好壞的能力。她們的文章正直而客觀，不會刻意討好店家。三位作家若造訪現今的京都餐廳，會有什麼感想，又會如何描述呢？我想她們肯定深感憂慮、喟嘆不已。期待新一代的岡部伊都子出現。

她們的書出版後歷經好幾十年，書中生動的描述卻一點也沒有陳舊之感，因此有些作品甚至比出版當時還貴，但是我敢保證絕對值得，請各位務必買來一讀。您讀過之後就會明白現今的旅遊書有多麼膚淺無聊，同時也能認識真正的京都。納涼舊書市集時，正好可以找些以前的京都書來讀，換個眼光看待京都。

「宮脇賣扇庵」的涼扇

祇園、先斗町、花街裡的餐廳，特別是主廚在客人面前展現料理手藝的「板前割烹」餐廳，都會在店內掛上寫有舞伎或藝伎名字的團扇，為京都的夏日增添風采。另一方面，夏天四處走訪時最不可或缺的就是摺扇。摺扇也會在其他季節的茶會和重要聚會出場，但以禮儀用途居多，唯有夏天，摺扇

宮脇賣扇庵

才能恢復它原本的功能，在炎炎夏日中帶來涼意。打開一搧，看見上頭充滿夏日風情的圖樣，就能消暑；合攏放在膝蓋上，也能感受到清風拂面。

摺扇有分男用和女用，兩者大小有著些微的差異。情侶拿著成對的扇子走在街頭也是樂事一件。別仰賴冷氣，拿起摺扇搧風更顯風雅。即使撲面而來的薰風仍有些溫熱，總有一天也會變成涼風。抱著這份期待，前往「**宮脇賣扇庵**」（地圖B⑰），選支秋草圖樣的扇子如何？

五山送火

京都的五山送火廣為人知，可惜很多人都以為這是單純的夏季活動。箱根山也有類似活動，因而加深了人們的誤解。至今仍有一些媒體稱五山送火為「大文字燒」，不過和過去相比已經少得多了。我一再向讀者強調：京都每年八月十六日夜裡所進行的五山送火是一項宗教儀式，點火全是為了恭送陰曆盂蘭盆節時歸來的祖先。

過去各戶人家會在門口或川邊點火，利用火光送走祖先。京都人大概是想創造共同的回憶，所以在京都盆地四周的山上燃起送火，指引祖先歸去的方向。

當晚八點整，東山如意嶽的火光率先亮起。隔著賀茂川望見的景色最美，絕佳景點是加茂街道（賀茂川西岸）的堤防，當晚會封路供行人專用。北山通至今出川通一帶的景色都不錯，其中出雲路橋至賀茂大橋路段望見的「大」字可說是比例最美的。從京都御苑望去當然也很漂亮，建議站在「石藥師御門」附近觀看（皆位於地圖D）。

雖然名為「五山」送火，但是「鳥居形」位在洛西的小山上，洛中看不太到，我個人認為只要看到四座山就好。

從「出雲路橋」西側可以望見「妙」、「法」二字，不過每年的最佳觀景位置，會依樹木茂密程度而有所差異。

「船形」還要再往北走，走到上賀茂橋才能看到。最後點亮的是「左大文字」，若您能夠接受較斜的角度，站在北

「出雲路橋」望見的大文字山

大路通就看得到。

如果願意支付大筆費用，參加市內各飯店頂樓所舉辦的觀景活動，即可看見全景。京都少有高樓大廈，只要爬到十樓以上，就能看見大部分的送火。

五山送火以「左大文字」為末尾，約在八點四十分左右全部熄滅。順利恭送祖先之後，京都便開始迎接秋季的到來。

1 原為一齣落語表演，劇中描述京都人會問待得太久的客人：「要不要來碗茶泡飯？」藉此暗示對方該回家了。後多用以形容京都人的委婉性格。

2 藝伎為宴席上以舞蹈、演唱或演奏等方式，為客人助興的女性表演者；舞伎則為藝伎的見習階段，多為未滿二十歲的少女。

3 阿闍梨為梵語 acārya 的音譯，意指師父。在日本則指真言宗、天台宗中接受過「傳法灌頂」儀式的僧侶。大阿闍梨則為阿闍梨的位階之一。

4 和菓子名，在米粉等穀粉中加入砂糖和水攪拌後，倒入容器蒸煮而成，外型與羊羹相似。

5 「稚兒」多為十歲左右的男童，以神明使者的身分參與祭典。過去幾乎所有鉾車都有稚兒坐於其上，現在除了領頭的長刀鉾之外，均以人偶代替，另外綾傘鉾的稚兒則步行於鉾車前。長刀鉾除一名稚兒外，還有兩名年紀相仿的男童擔任輔佐角色，稱為「禿」。

6 通庭（通り庭）為前門延續到後門的長廊，未鋪木板或榻榻米，與地面同高；坪庭則為房屋之間的小型庭園。

7 サルスベリ，sarusuberi，意為猴子滑跤。

第三章
夏季的味覺饗宴

京都夏日兩大美食——香魚與海鰻

京都一年四季都有許多美食。我們重視當季食材，將每種食物按照季節分得清清楚楚。春季有春季的美食，夏季有夏季的美食，不會弄錯季節。

說到夏天，就想到香魚和海鰻[1]。正因為京都距海遙遠，而且三面環山，這兩種食物才會成為夏季京都的兩大美食。

不用說各位也知道，香魚是一種河魚。住在山間村落的人只要走到附近的小河就能捕獲河魚，可能因為這個緣故，日本人總是認為河鮮不如海鮮。無論瀨戶內海的鯛魚，或是長良川的香魚都很美味，但若問到何者較為珍貴，可就教人難以回答了。我認為其重點在於吃的時機。

食物過季之後才吃當然不好，但其實搶在當季前吃，也會受人嘲笑。

食用時機必須適宜

季節性食材有三個適宜食用的時機：初始、盛時，以及尾聲。盛時就是該食材盛產的時期，任誰都認得出來，無須費心辨認。難就難在初始和尾聲，一不小心就會以為季節未到或是已經過季。不過，從這點也可看出京都的獨特之處。

東京人重視的是食材的初始，昂貴的「初鰹」（新鮮鰹魚）就是一例。他們可能認為走在尖端是件瀟灑的事吧。那麼京都人又如何看待初始呢？

以香魚為例，香魚有天然也有養殖的，近年來介於兩者之間的半天然香魚開始受到矚目，一般簡稱「半天」。天然食材的價格不斷飆升，使得人們轉而尋求半天然的食材，但若非別具慧眼的老饕，其實也吃不出天然和半天然的差別。

為防濫捕天然河魚，日本各地訂有禁捕和解禁時期。解禁日依河川而有所不同，例如京都盛產香魚的上桂川、美山川和保津川訂於六月多；岐阜縣的長良川下游早了一些，約為五月十日之後。

——櫻花將開未開的時候，我和友人造訪了京都頗負盛名的H料亭。當時正值他們翻修後重新開幕，店內座無虛席。席間上了一道鹽烤稚鮎，而且還放在當季的筍皮上面。

與我同席的朋友，反應相當有意思。東京來的朋友懷著驚訝發出讚嘆，開心地大快朵頤；邀請我們的京都朋友，卻露出複雜的表情，無奈地拿起筷子之後，用眼神詢問我覺得如何。

東京來的朋友正在興頭上，我也不好潑冷水，只好若無其事繼續吃飯——這種情況在俳句、連句的世界稱為「季重」（季重なり）。他們會用「季語」來表達特定季節，然而一句之中不得包含兩個季語，除非明顯以其中一方為主。

稚鮎即香魚的幼魚，其為春天的漁獲，鹽烤香魚卻是夏天的食物。想在「初始」時期享用稚鮎，應將稚鮎製成醋煮或天婦羅，才是最適當的調理方式。

比起「初始」更重視「尾聲」

東京人喜歡趁窩斑鰶長大前將其製成「新子握壽司」，不知前述那間店是不是在模仿東京的作法，不過京都人並不認同這種行為。稍微搶先嚐鮮，我們還能一笑置之，但是明顯的「偷跑」行為，我們可就無法接受了。京都人認為製作這種料理的人相當狡詐，並且稱呼這類饕客為「狂人」（いちびり）。

比起「初始」，京都人更重視「尾聲」。

盛夏過後初秋之際，腹中懷有魚卵的香魚才是京都人的最愛。

香魚又稱「年魚」。牠們於河口孵化後逆流而上，長大成魚優游於河川上游，人們便在這時釣取香魚。懷有魚卵的雌魚若逃過一劫，就會順流而下產卵，結束僅僅一年的生命。這種生命即將終結的香魚，稱為「落鮎」（落ち鮎）。

飽滿的魚腹在炭火燒烤下爆裂開來，京都人卻往往在那彈牙的口感中，感受到一股無常的悲哀，同時也有一種將事物利用到極致的滿足感。

「今年的香魚季要結束了吧，多虧有你，我才能嚐到香魚的美味。」

闊綽的商人輕輕合掌後拿起筷子。

「而且這應該也會是您今年最後一次聽到這個聲音。」

廚師端出香魚後，拿起菜刀一刀刀切著海鰻。

「那是最後一批海鰻嗎？可真肥啊，看起來就很好吃。」

商人探出身子，看見那純白的海鰻肉後瞇起眼睛說道。

夏天的尾聲，同時也是秋天腳步接近的時候，經常可以在高級料理店聽見客人和廚師隔著吧檯這樣閒聊。

香魚的季節是初夏到初秋；海鰻的季節則是從梅雨季結束之後，以祇園祭最盛，一直到草叢傳來蟲鳴、山間開始出產菇類的時節才結束。

小小一間料理店裡的對話，飽含了對於食物的敬意。無論廚師或饕客，都為逐漸逝去的事物感到不捨，京都人知道，這就是「尾聲」的精華所在。

源平合戰後敗逃的平家一員，建禮門院德子[2]（平德子）也對此深有感悟。

德子之子安德天皇在壇浦之戰（西元一一八五年）中喪生後，倖存的德子投靠東山長樂寺，並且在此出家。然而不久後京都發生大地震，長樂寺也遭受莫大損害，德子只好離開京城，前往洛北大原的「寂光院」長住。德子入住寂光院後，不得不過起簡樸的山中生活，和宮裡的生活根本無法相比。眼見德子過去的榮華盡喪，只能寂寞度日，當地居民都深感同情，時時向她伸出援手。有一次居民送來的漬物令德子驚訝不已。

那些漬物裡加入了大原特產的紅紫蘇，因而呈現紫色。紫色是榮華的象徵，居民這麼做全是出自一片好意，只為讓她想起往日風光。

德子感動萬分，將之命名為「紫葉漬」，後來轉為同音的「柴漬」（shibazuke），至今仍是廣為人知的大原特產。

這種無常的悲哀，從古至今一直觸動著京都人的心。比起盛開的花朵，我們更心疼逐漸凋謝的片片花瓣，在食物上也一樣，這就是為什麼我們更重視食材的「尾聲」。

鹽烤香魚的美味之處

這個開場白有點長了，總之夏季最美味的莫過於香魚，而且香魚就是要用鹽烤的方式調理。香魚的幼魚可以製成天婦羅，或者裹麵包粉油炸，但是成魚最好的吃法就是鹽烤。香魚切成薄片生吃，吃個一、兩口就會膩；但鹽烤卻不同，光吃一、兩隻還不夠。不過如果香魚和毛巾卷一樣大，應該吃一隻就飽了。

享用鹽烤香魚時，如何剔除其脊骨成了一大學問。

趁著香魚剛烤好的時候，將香魚平放在盤子上，折起魚頭和魚尾，接著將魚身平行立起，用筷子從頭部至尾部平壓魚背，最後夾住魚頭一抽，整條脊骨就會順利和魚肉分離，真是不可思議。

不過這種作法僅限於五寸（約十五公分）左右的香魚；三至四寸（約九至十二公分）的香魚，還是直接咬住頭部整隻吃下最好。為此必須將香魚充分烤至有些燒焦的地步，脊骨才會軟化，方便食用。

許多店家在烤香魚之前，都會在魚頭、背鰭、腹鰭、魚尾抹上大量食鹽再烤，這種鹽又稱為「化妝鹽」，不知由誰所創，目的是避免魚身烤焦、呈現美麗色澤，但我認為這完全是多此一舉。若烤得不焦，魚骨就會硬得難以下嚥。

香魚稍微沾過鹽水後，從頭到尾用慢火燒烤，這樣魚頭和魚尾當然會烤焦，但不必太過介意。如果可以的話，用炭火最好。遠紅外線會使魚骨軟化，即使連骨吃下也不成問題。剛烤好的香魚讓人忍不住吃完一隻又一隻，轉眼間就吃了五隻，這就是鹽烤香魚的魅力。沒有什麼比烤得半生不熟的河魚更教人掃興。河魚就該烤至通透，就算外觀不美也不要緊。

京都的日式料理店自六月起，大多都會端出鹽烤香魚，而且這道料理還可看出店家的優劣。若以最近流行的「星級」來表示：

☆☆☆　一次端上數隻烤得恰到好處的三寸左右的天然香魚。

☆☆　一次端上三隻左右烤得恰到好處的小型「半天」香魚。

☆　一次端上兩隻剛烤好的小型養殖香魚。
無☆　烤得不夠的小型養殖香魚，無法連骨吃下。
×　大型養殖香魚塗抹大量化妝鹽，烤得也不夠。

粗略分類應該就像這樣。

我只是覺得好玩才用星號來為店家分級，不過這令我想到二〇〇九年秋季首度發行的《米其林指南京都・大阪篇》。評鑑公布後，民眾對此感到稀奇，媒體不斷報導，餐廳、酒館也常聽見人們談論相關話題。然而這樣的光景一閃即逝，過完年後就沒有人再提這件事了。這也是理所當然的。

這份指南雖然名為「京都・大阪篇」，但無疑是以京都為主。初版所列的七間三星級店家中，就有六間位於京都，而且都是日式料理店，明顯是將目標客群鎖定在京都迷身上。

然而米其林連調查員是法國人還是日本人都沒公開。在評審不詳的情況下，媒體卻將三星當作勳章般大肆報導，就連廚師本人也受評價左右，這種現象除了滑稽之外還真不知道該說些什麼。

京都人原本並不屈服於權威，現在卻有一些人將「商業利益」擺在「自尊」之前，我想他們總有一天會嚐到苦果。

結果公布前，曾有店家表示將退出評選，轟動一時；然而這類風聲，卻也在不知不覺間平息下來，該店代表在結果公布當天，依然笑容滿面地沐浴在鎂光燈下。獲得三星的店家中，竟然沒有一個有骨氣的廚師或老闆，真教人惋惜。而且當天竟然沒有一個人穿著和服出席，這點也相當不可思議。或許是因為慣例上獲得三星的店家，就必須穿著白色廚師服拍攝紀念合照吧。

日本料理登上國際舞台，不就該穿著和服出席這盛大的典禮嗎？還是說那些出席者認為，之後就算穿著西式廚師服，也能在日式料理店工作？這分明是京都人表明心志的大好時機，演變至此委實可嘆。

京都與海鰻

海鰻是京都夏季第二大美食。京都的夏天少不了海鰻，海鰻對祇園祭而言也不可或缺，接下來就讓我介紹一下海鰻這種生物。

京都距海遙遠，為何海鰻會成為第二大美食？因為海鰻生命力極強。海鰻自瀨戶內海捕獲後，經過山陽陸路，從大阪灣走水路經淀川運送至京都。這麼長的距離，一般的魚早就一命嗚呼，生命力強的海鰻卻能活著抵達，海鰻也因而成為京都的名產。以上只是概略性的說明，至於海鰻生命力為何如此強盛，大部分的人在說明時都不會提到這點。

我這個人生性多疑，因而對此感到好奇。我不明白的是為何唯獨海鰻具備強大的生命力？牠和鯛魚有何不同？外型相似的星鰻[3]又如何呢？

我找到的答案是「呼吸方式」。幾乎所有魚類都只用鰓呼吸，但是海鰻除了腮以外還能用皮膚呼吸。海鰻身上用以取代鱗片的黏液，正是牠的祕密武器。原來如此，我總算明白了。現今大多會將魚類放進水槽運送，但在古代卻無法這麼做，魚類自水中撈起後，在運送過程中要不了多久就會死亡，並且開始腐壞。然而海鰻據說在沒有水的環境下，也能存活四十八小時左右。

那麼，為何日本其他地方不像京都這麼重視海鰻？因為海鰻本身有個問題，就是牠小刺很多。若按一般方式處理，魚刺就會留在魚肉中難以食用，因此大部分的人都對牠敬而遠之。然而，手藝精湛的京都廚師卻想出「切骨」（骨切り）這種技術，創造了各式各樣的料理。因此人們只要提到海鰻就會想到京都。海鰻可以涼拌、煮湯、燒烤，還可以煮火鍋——廚師透過多樣的調理方式，讓京都饕客得以邊聽祇園囃子邊大快朵頤。

話題回到香魚。三星店家且待下章再介紹，先來談談在我意料之外的店家，發現☆☆香魚的經歷。

俵屋與要庵西富家

這件事我已經寫過無數次了。我永遠都忘不了自己在京都第一，不，是日本第一的名旅館「俵屋」（地圖B⑭）發現☆☆香魚的事。我當初對於旅館料理並不抱太大期待，但那香魚的美味卻令我驚豔不已。小巧的香魚烤得恰到好處，即使從頭咬下也不會吃到硬刺。不過它只是晚餐中的一道菜，無法滿足想要大啖香魚的饕客。儘管如此，在全京都的香魚料理中，俵屋的香魚仍然相當出色。

旅館「要庵西富家」（地圖B⑱）的香魚，和「俵屋」星等相同。剛烤好的香魚，在竹葉上微微冒著熱氣被端進和室。這間旅館同樣也是將小尾的香魚，充分烤過才端上桌。在旅館老闆的推薦下，搭配黑啤酒享用，真可謂無上的幸福。唯有夏天才能嚐到這種美味。

只要旅館還有空房，即使您不打算留宿也能在此吃頓晚餐。其實旺季之外的時間空房意外地多，造訪之前請先打電話詢問。當然如果能夠留宿一晚並享用旅館料理，就再好不過了。

京都有許多高級日式料亭，然而那些料亭大多來頭不小，很難看到氣氛輕鬆的新料亭。為什麼會這樣？原因可想而知，因為料亭是京都文化的縮影，一般人無法輕易開設。

「俵屋」的香魚

要庵西富家

建仁寺・祇園丸山與平野屋

夏季最愉悅的事，就是在涼風吹拂下享用鹽烤香魚，然而能夠提供這等享受的店家卻為數不多。

其中最應造訪的料亭，莫過於「建仁寺・祇園丸山」（地圖B⑪）。

其總店「祇園丸山」的出現，為當時的京都料亭文化帶來了新氣象。老闆在許多料亭以主廚一職大顯身手，時機成熟後便獨立開店，這間店也因為講究細節而一舉成名。

店內裝潢全是基於老闆的茶道愛好，而非只是噱頭，讓人看了相當舒適。鑲有玻璃的木桶好似復古風的金魚缸，可以見到香魚優游其中；緣廊則設有炭火爐用以燒烤香魚，這些都是夏季特有的景致。和室裡的掛軸、牆上花器中的矢車菊，在在顯示老闆對於茶道的了解，但他卻沒有大肆張揚。即使是在古都京都，如此注重裝潢的店家也屈指可數。有些廚師工夫還不到家，就幸運地找到金主獨立開店，那些店家絕對營造不出這種風格。

建仁寺・祇園丸山

若想體驗不同的氣氛，可以前往奧嵯峨野鳥居本的「平野屋」（地圖J㊺）。那間店位於遠離塵囂的土地，老屋上爬滿青苔，有種時間靜止的氛圍。

平野屋的故事一時半刻說不完。這間店位於愛宕山山腳，山上的愛宕神社以防火靈驗聞名，守護著全京都的廚房；他們除了料理之外，還販售樸素的茶店菓子「志んこ」（shinko）。平野屋還有許多逸聞，在此容我只提一點：若想在京都吃到真正的香魚料理，請務必造訪這間店。

音戸山山莊・畑善

洛外的店家大多只擅長香魚料理，而洛中的店家，通常都會同時提供美味的香魚和海鰻料理。坐在座敷[4]享用香魚和海鰻，最棒的莫過於空間所帶來的感受，客人彷彿成為闊綽少爺般閒適舒暢。料理雖然美味，卻不是唯一的重點。主角是座敷本身。茶道裡有句話叫「一座建立」，指的是茶會時營造出主客一體的氛圍。座敷令人感受到的正是這種氛圍。無論香魚或海鰻都很美味，但最教人難忘的還是氣氛。若想體驗這種氣氛，請務必前往「**音戸山山莊・畑善**」（地圖A②）。

聽起來很囉唆但我還是要說，現在的廚師都太早獨立開店了。他們短暫學習之後就獨立出來開店，實在可惜。若在原來的店家再待久一點，就能學到更多東西，但他們都急於獨立，未來很難再有什麼成長。

許多學徒見到工作場所的榮景後心生羨慕，待不了五年就獨立開業。

對於部落客等美食作家而言，新開幕的餐廳是他們最好的搖錢樹，他們當然會大肆稱讚一番。單純的讀者看了文章後蜂擁而至，並且給予好評，那些餐廳也就繁榮起來，沒多久就躋身名店行列。這種愚蠢的現象近十年來一再上演。

只要對於「新餐廳」的需求繼續存在，這種現象就會無止盡地持續下去，京都日本料理店的品質也就每況愈下。這種狀況教人無法坐視，然而我唯一能做的，就是向人介紹一些真正的好店，店裡的廚師大多寡言而認真地製作料理。其中一大代表就是這間「音戶山山莊・畑善」。

這間店並非座落於藝伎、舞伎往來頻繁的花街小巷，附近也沒有神社佛寺。它位在京都屈指可數的高級住宅區深處，即使如此，店內提供的仍是道道地地的「京都料理」。

從碗盤、待客方式到裝潢無一不完美，但最棒的還是食物的味道。真正的美食就藏在這種地方——這就是京都這座城市的奧妙之處，然而一味追求新鮮的作家永遠不會明白這點。那些作家眼中只有最具京都風情的那幾條街，以及街上新開的餐廳。他們對於倉促成立的店家與不成熟的料理讚不絕口，徹底盡到宣傳的責任。只要店家和作家利害一致，這股風潮就不會終止，委實可嘆。

在吧檯前享用香魚和海鰻

想在京都享用日本料理，就該選擇「料亭」或「割烹」。前者除了料理外還可享受整個用餐空間；後者可以在隨意而輕鬆的氣氛下大啖美食——然而這個法則卻日漸崩解，教人心寒。

有些割烹徒具外表，別說料理，就連開動時機都沒得選，客人只能將一切全交由店家決定，這就是京都割烹的現況。聚集在吧檯的客人們，在同一時間吃著同樣的料理，仔細想想真是一幅異樣的光景。然而因為這些店家紅到一位難求，沒有人敢對此抱有異議，只能將之視為理所當然。如果場所換至料亭，這反而是正常情況。料亭會按照自己的步調一一上菜，無須客人費心。畢竟前往料亭用餐時，最重要的就是思考如何度過這段時光，而非思考要吃什麼。

然而割烹講究的是吧檯文化，和料亭不同，這也是日本特有的文化。國外確實有類似的用餐方式，但僅限於酒吧當中。唯有在日本，客人才會坐在吧檯前邊和廚師閒聊邊用餐，其中最具代表性的就是板前割烹。溯其歷史即可知道，這種用餐方式源自祇園一帶的「濱作本店」（地圖B⑤）。廚師和客人盯著當日備好的食材，在討論之下製作出雙方滿意的料理——這就是京都割烹的精華所在。

川端康成、白洲次郎、河井寬次郎等文人與藝術家，都曾光顧過這間店。他們有時瞇起眼睛讚嘆料理的美味，有時出題考驗老闆的手藝，到最後客人和老闆雙方都有所成長。文人墨客大多會將享用美食的經歷寫進文章裡，並且生動地描繪出主客之間的互動，這類文章往往有著深厚的內涵。若想描寫食物的美味，作者的文字本身也必須帶有韻味才行。這點非常重要，也是我一直提醒自己的事。

割烹原田：老闆釣的天然香魚

悠閒地坐在和室用餐雖然也很不錯，但若想大口享用熱騰騰的料理，還是坐在吧檯最好。

香魚就像《和名抄》[5]中描述的那樣：「春生、夏長、秋衰、冬死，故名年魚。」牠們的一生只有短短一年。

夏季是香魚生命力最旺盛的時候，牠們像要呼應烈陽般，無所畏懼地游在清流之中，而人類則爭相釣取香魚食用。香魚帶著喪命時的不甘，睜大眼睛，以躍動之姿穿過燒烤用的鐵串。香魚吃的是附

割烹原田

在岩上的青苔，因此面貌特別精悍，令人為之懾服。大口咬下香魚，鮮魚香氣與苦澀同時傳來，刺激饕客的感官。

剛才還在塑膠袋裡活蹦亂跳的香魚，生命就此終結，平躺在餐盤上。人類藉由享用其他生物來延長自身壽命，因此絕不能有一絲浪費。請將香魚從頭咬下，連同魚鰭、魚尾和魚骨一同吞入腹中吧。

「割烹原田」（割烹はらだ，地圖 B⑬）的老闆夫婦愛好釣魚，他們會在店休時前往解禁的河川，將釣到的香魚帶回店裡，於吧檯後方燒烤，真是人間美味。

「割烹原田」在河原町竹屋町開設數年，逐漸吸引了許多當地饕客，名聲甚至傳至東京。「當店特選套餐」從五千日圓起跳，內含多道豐盛菜餚，同時還能享受正統割烹的輕鬆氣氛。除了老闆夫婦自己釣的天然香魚外，其他精選食材也以天然方式調理。這是我目前最推薦的割烹名店。

點邑：源自頂級「俵屋」的細心精神

「點邑」（地圖B⑯）以類別而言應屬「天婦羅」店。另外，它也是我先前提過的旅館「俵屋」所經營的餐廳。然而這間店實際上卻超越這些範疇，稱得上京都數一數二的美味餐廳，每當季節變換時我總想造訪此處。「點邑」的主廚長年任職於世界頂級的日式旅館「俵屋」，所製作出的料理也有一定的品質保證。

夏季時，他們當然也會提供香魚和海鰻。壽司店在呈上壽司之前，會先端出幾道前菜，同樣地，點邑在天婦羅之前也有幾道料理，然而這些料理才是真正的極品。料理本身自不用說，容器和擺盤也在在體現了源自俵屋的細心精神。

「點邑」的鹽烤香魚，選用中指大小的肥美香魚烤至通透；海鰻則如火鍋肉片般軟嫩，醬汁也清淡爽口。

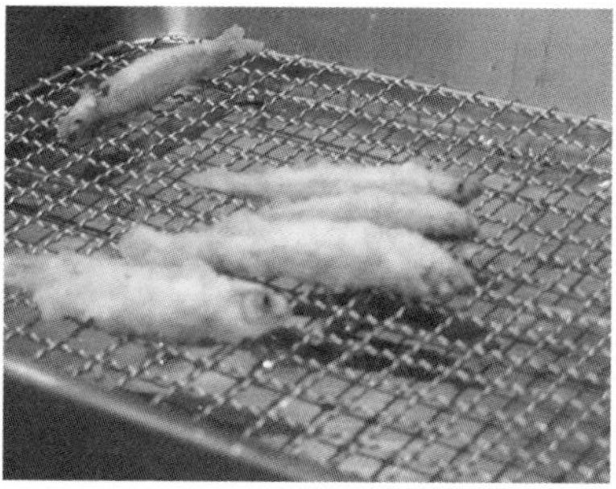
「點邑」的香魚

他們的本業（？）天婦羅當然也是京都一絕。現在有些割烹除了「新」以外一無是處，各位別被那些店家迷惑，唯有上述這種真材實料的店才值得造訪。

草喰中東：現場烤香魚

來到「草喰中東」（草喰なかひがし，地圖 A④）坐在吧檯前，便會看見面前的爐灶上正在烤著香魚。炭火燻烤的香魚時而冒起濃煙，使整個室內飄散著一股烤魚香氣。

身穿白衣、繫緊領帶的廚師，拿著長筷確認燒烤程度，看準時機將香魚從爐上夾起。

廚師依序為每位屏息以待的客人呈上餐點，如此焦脆可口的香魚，當然可以從頭到尾吃得一乾二淨。

「草喰中東」

草喰中東位於銀閣寺參道上，不只是我，幾乎所有媒體都已介紹過它的魅力。或許正因如此，草喰中東才會成為京都最難預約的一間店。一時興起想要來此用餐，更是難上加難。因此我過去很少向人提起這間店，但若談到吧檯前的香魚料理，還是不能獨漏此處。

川床料理——鴨川納涼床

最常用來代表夏季京都的，就是四条大橋以北、鴨川西岸的風景。河堤上每隔數公尺就坐著一對情侶，他們肩並肩望著河面，成為夏日中的一景。只要在京都生活過，一定看過這樣的景象。若坐在先斗町店家面向鴨川架設的川床席，更能清楚俯視這幅光景。

鴨川川床的「床」日語讀作「ゆか」（yuka），洛北貴船的川床外型雖然與之類似，卻讀作「とこ」（toko），可能是因為貴船川床直接架設在河面上的緣故吧[6]。

以前川床只有在盛夏才看得到，現在則從五月一直持續至九月。

盛夏的川床一點也不涼爽，這點和氣候變遷也有關係。

鴨川納涼床

日落後氣溫依舊不會降低，甚至還有冷氣機不斷朝著鴨川排出熱風。說實在的，若非特別重視氣氛，真的不該在七、八月份前往川床用餐。最佳時機反而是五、六、九月。

逐年變化的除了氣候之外，還有餐點內容。川床過去長年由日本料理獨佔，現在的選擇則多到眼花撩亂。料理有和、洋、中等多種口味，裝潢也混合西式、日式、東南亞風情。過去闊綽商人偕同舞伎、藝伎前往川床乘涼的景象已不復見，川床也不再是奢華的象徵。即使如此，坐在川床享受涼風仍是京都夏日的一大樂事。接下來將介紹幾間川床餐廳。

Bistro SUMIRE 與東華菜館：中華料理

由四条大橋往南走會看見一座小橋，名叫「團栗橋」，橋名源自過去橋畔的一棵團栗大樹（橡樹）。西元一七八八年的天明大火，使京都將近八成的市街全部燒為灰燼，由於起火點位於團栗橋附近，這場大火又被稱為「團栗燒」（団栗焼け）。瞥過這座傳說中的團栗橋後，再往前走一會兒，就會來到 **Bistro SUMIRE Chinese**（地圖B⑫）。

說到鴨川川床的中華料理，京都人最熟悉的莫過於四条大橋畔的「**東華菜館**」（地圖B⑳）。這棟建築由美國建築師柳米來留氏（William Merrell Vories）所設計。坐在東華菜館的露臺，在鴨川涼風下享用糖醋鯉魚，是每個京都人的嚮往。

Bistro SUMIRE 不像東華菜館那麼傳統，反而帶有現代中國的風情，風格接近香港而非中國內陸。

開陽亭：洋食便當

京都也是洋食[7]之都。法式或義式餐廳雖然也不錯，但是京都的闊氣老闆，最常偕同舞伎、藝伎前往的還是洋食餐廳。這種光景近來越來越罕見，然而花街的洋食餐廳仍然屹立不搖。

「**開陽亭**」（地圖B㉓）與先斗町、宮川町和祇園等花街距離相近，是一間深受舞伎、藝伎喜愛的洋食餐廳。這間餐廳有許多特色料理，但我最推薦的還是「洋食便當」。

三層的洋食便當不只中午，就連晚餐時段也吃得到。便當內含當店特製的「照燒牛腰肉」，還有炸蝦、炸豬腰內肉、肉末可樂餅等眾所熟知的洋食菜色，再加上白飯以及店特製的「墨西哥沙拉」，令人看得目不暇給。坐在川床上感受鴨川吹來的涼風，再暢飲一杯氣泡酒，川床餐廳的魅力莫過於此。

開陽亭

侘家洛中亭：串炸

「侘家洛中亭」（地圖B㉑）位於先斗町通中央、先斗町公園南側。其總店「侘家古曆堂」位於花見小路「祇園甲部歌舞練場」附近，提供雞肉料理；侘家洛中亭則是酒類與串炸。

佗家洛中亭

「串炸」（串かつ）這個詞的定義有些曖昧，但說到串炸，人們大多會想到大阪道頓堀、心齋橋一帶「禁止二度沾醬」的店家。該類店家會提供一種特製沾醬讓所有客人共用，每串幾乎都是單一食材，肉就是肉、菜就是菜，一大串食材沾滿厚厚的麵衣之後再下鍋油炸。

另一方面，「串揚」（串揚げ）則有多種沾醬，分別用在不同食材上，每串包含不同的食材組合，比串炸更小、更精緻，油炸時也只沾取薄薄一層麵衣。客人若點了串揚套餐，還可依照自己的胃口大小決定串數。比起串炸我更喜歡串揚。這間「佗家洛中亭」招牌上雖然寫著「串炸」，但他們賣的其實是「串揚」。

點餐後各種創作料理依序上桌，從活蝦和牛腰內肉的單串，到生麩、蒟蒻等組合串應有盡有。店內還有價格實惠的紅酒與氣泡酒，是間十分親民的好店。

Atlantis：雞尾酒

從剛才的公園再往南走一段路，就會看到一間名為「**Atlantis**」（地圖B㉒）的酒吧。以納涼床酒吧作為一天的最後一站再好不過。

入夜之後，暑氣消退幾分，人們也得以在涼風吹拂下小酌幾杯。若單獨前往可以坐在吧檯俯瞰鴨川，兩人同行則可圍著小圓桌對坐。女性可點特調雞尾酒，男性則以單一麥芽威士忌為佳。

川床最晚只能營業到十一點，因此不用擔心喝過頭的問題。盡興而返時，星辰已在夜空中閃爍，而京都的夜晚也靜靜睡去。

貴船的川床已於第一章介紹過，如前所述，只須造訪流水素麵的餐廳即可。另外，京都的高尾（亦名高雄）地區也有川床餐廳，此地極受觀光客歡迎，

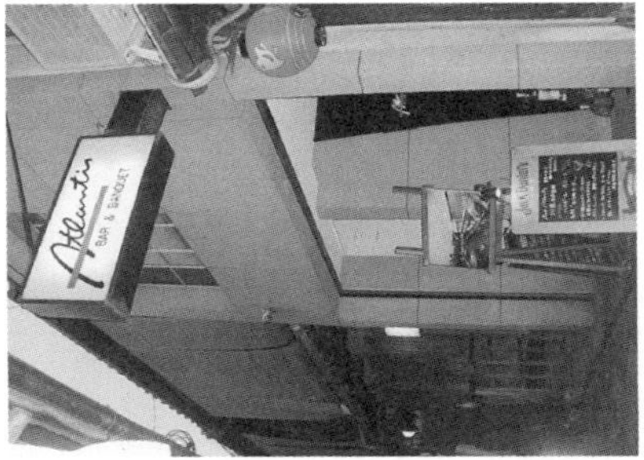

Atlantis

既可賞螢又有舞伎在此招待客人，可謂熱鬧非凡。不過請別對料理抱有太大期待，畢竟來納涼床用餐享受的是氣氛，而非食物本身。

夏日的美味早餐與精進料理

京都的夏日早晨很早就開始了。天才剛亮，年長的京都人便個個出門散步，有人只是單純散步，有人前往餐廳享用早餐，也有人前往神社或佛寺參拜。不過他們的共通點就是想要避開炎熱的中午，趁著涼爽的時候將事情辦完。早起出門既可觀察到京都人的生活樣貌，又可找到美味的早餐，這也是夏日裡才有的樂事。日出時起床出門，無論是前往佛寺參拜，還是沿著鴨川散步，都有一個美好的早晨正在等著你。

近又：老字號旅館早餐

近年來經濟一直不景氣，價格實惠的夜間巴士大受歡迎。我有腰痛的毛病，就算夜間巴士再怎麼便宜也與我無緣。不過最近推出了一些女性或ＶＩＰ專用的豪華型巴士，看來也不完全是「便宜沒好位」。夏季天亮得早，想在夏季出遊，夜間巴士或許是個不錯的選擇。

深夜搭乘巴士從東京出發，約於七點之前就會抵達京都。這種時間當然沒有飯店可以入住，不過經歷一番舟車勞頓之後，也很難立刻開始逛街，那麼就先填飽肚子吧。哪裡可以吃得到充滿京都風味的早餐呢？

最廣為人知的，莫過於某間老字號料亭的「早粥」了吧。若在他們的豪華和室用餐，要價六千日圓；在另一棟的西式客席，也要五千日圓以上。有些人想體驗京都風情，即使再貴也願意買單，自然對此沒有意見。但說實在的，這個價格就早餐而言實在太不合理，而且他們從早上八點才開始供餐。可見這「早粥」針對的是前一晚在祇園飲酒作樂的富豪，而非千里迢迢搭乘夜間巴士來到京都的旅客。

錦市場附近有間老字號旅館「近又」（地圖B⑲），他們的早餐相當受歡迎。享和元年（西元一八〇一年），近江出身的近江屋又八開設了這間商人旅館，其建築已成為日本登錄有形文化財。沒有住宿的旅客也可在充滿現代風格的餐廳享用「旅館的早餐」。

一夜干、煮物、高湯玉子燒、熱騰騰的白飯——這些都是「旅館早餐」常見的菜色，而且充滿京都風味。用餐完畢還可前往錦市場散步。

其早餐供應自七點半至九點，西式客席三千五百日圓、和室五千日圓（消費稅與服務費另計），用餐前必須預約。

近又

旅籠：道地日式早餐

飯店提供的早餐有一陣子非常昂貴，但是現在已經親民許多，只要二千五百日圓左右就可在飯店的日式食堂享用早餐。

若將氣氛一併列入考量，這樣的價位並不算貴。不過我還是希望在眾多飯店中找到價格更合理、更有京都風味的日式早餐，最後找到的就是距離京都車站徒步不到五分鐘的「旅籠」，其附屬於飯店「**京都站前 Dormy Inn PREMIUM**」（地圖G），第五章將會詳述這間飯店。

或許會有很多讀者心想：Dormy Inn PREMIUM？那不是商務飯店嗎？商務飯店的早餐都是敷衍了事……請別想那麼多，先去一趟試試看。其水準之高，肯定會讓您感到訝異。

一聽說有新飯店開幕，我就會立刻前往入住。會這麼做一半是基於工作，另一半則是基於好奇。京都一直有住宿設施不足的問題，我要向人推薦飯店或旅館之前都會自己親自住過，而且我不會行使特權用「試住券」入住，而會像普通人一樣，比較過各間住宿設施的網站後，選擇價格最為合理的住宿方案。不過我主要目的是住宿，早餐只是附帶，所以大多時候都不抱期待……

進入「旅籠」最先吸引我的就是氣氛。他們營造出的京都感「恰到好處」，迎賓人員的用語不會帶有太多京都特色，室內裝潢也是低調的日式風格，沒有過多的裝飾，不像觀光勝地常見的那種「京都大特賣」的感覺，但也不像一般商務飯店那麼死板單調。

獨自前來的客人會被帶到窗邊的長桌，這裡和其他飯店一樣採自助式取餐。我一直對「吃到飽」餐廳敬而遠之，但是自從領悟到「不必勉強自己吃飽」這點之後，我便時常前來享用自助式早餐。「吃到飽」反過來說，其實也代表著「不必每樣都吃」。

比方說你可以只拿蔬果汁、優格、咖啡，也可以只拿稀飯和涼拌豆腐，沒有人會對你的選擇有意見。一般而言，不只自助式早餐，只要是吃到飽的餐廳，客人都會幹勁十足地想要吃個夠本，結果一不小心就會吃過頭。不過，只要不執著於回本，自助式早餐與定食早餐、美式早餐相比，可以吃得更簡單、更輕鬆。

「旅籠」的早餐，西式、日式都有，日式早餐的米飯還有多種選擇，讓人食指大動。

站在電子鍋旁的阿姨們，個個自信滿滿地招攬客人。筍飯、白飯、稀飯——三個鍋子旁分別站著三位阿姨。只要走到鍋前和阿姨四目相對，阿姨就會開心地替你盛飯。另外值得一提的是，她們會依據客人所選的飯類，提供不同的湯品：筍飯配的是海帶芽湯，白飯配的是味噌湯。店家正是站在顧客立場思考，才會想出這樣的組合。

日式早餐的菜色也很豐富。不僅有炒豆渣、炒羊栖菜、涼拌青菜等京都家常料理，烤魚也有鮭魚、鯖魚、竹筴魚等多種選擇。漬物則有「川勝總本家」的產品一字排開。

旅籠也能滿足愛好西式早餐的顧客，像我隔壁的外國情侶，吃著吃著就露出愉悅的表情頻頻點頭。其菜色包含麵包、德式香腸、蛋類料理、沙拉等，種類相當豐富。

飯後吃點切片水果，再配上一杯咖啡，望著庭園景致享受美食的餘韻。餐廳六點半開門，您可在開門時入店，若無時間壓力，便可享用一頓悠閒的早餐。我認為旅客抵達京都後，最先應該享用的就是旅籠的早餐。就餐點內容而言，一千五百日圓絕不算貴。雖然不像老店的早粥那樣令京都人引以為傲，但對於想要追求道地美食的旅客而言，旅籠的早餐再好不過了。

近為：漬物搭配茶泡飯

說到早餐還是來碗茶泡飯最好。即使因昨晚睡得不好而沒有食慾，茶泡飯還是能讓人毫無負擔地吃下肚。

「近為」（地圖F㊲）的茶泡飯雖然要等到中午才吃得到，但它魅力強大，讓人覺得挨餓等候也無所謂。

有一則名為「京都人請吃茶泡飯」的傳說，象徵了京都人的性格：訪客來到京都人的家裡，若待得太久，主人便會問說：「要不要來碗茶泡飯？」

據說當京都人這麼邀請您時，您絕對不能欣然接受。因為這是主人暗示訪客應當離開的用語，並不是真的準備好茶泡飯要請客人用餐。

這則傳說說得煞有其事，但只是個杜撰出來的

近為

故事而已，實際上根本沒有這種事。京都人不會委婉到此等地步，我們如果真的希望訪客離開，就會直接請對方離開。

過去每個家庭都會準備醃漬用的小木桶，裡頭塞滿米糠，放在廚房角落的地板下方，或是流理臺角落。然而現在會自己製作漬物的家庭大幅減少，大多都是向店家購買，令人覺得萬分可惜。早晨盤腿坐在和室裡，望著修剪得宜、賞心悅目的庭院，配上幾盤醃得入味的漬物，就能大口吃下一碗碗茶泡飯。

「近為」是間老字號的漬物店，位於洛中西陣一帶，創業自明治十二年（西元一八七九年），至今仍維持手工傳統，將手切蔬菜放入容器後再以重石壓蓋。

店裡有間和室提供客人用餐。其茶泡飯採套餐形式，以漬物壽司為前菜，再搭配白味噌湯與各種漬物，只有在漬物店裡才吃得到這麼高級的茶泡飯。

「近為」每天十一點開放用餐，必須預約。茶泡飯套餐二一六〇日圓，價格合理。若搭配粕漬鮭魚，則為二千七百日圓，您也可以點此作為午餐或早午餐。

INODA COFFEE ：炸蝦麵包捲

這是間有名的咖啡店。每個京都達人都知道這間店，也都嚐過那口味獨特的咖啡，我其實不必多加介紹，但是此處實在太適合夏日早晨造訪，因此請容我花些篇幅談一下這間店。

INODA COFFEE 的麵包捲套餐

假設您今天在日本第一的名旅館「俵屋」過了一夜。俵屋既是日式旅館，只要您沒有特殊需求，館方都會供應早餐。他們會在前一晚詢問客人想吃日式還是西式，許多人都對此猶豫不決。既然入住日式旅館就該吃日式早餐，但又想嘗試超越一般旅館能力範圍的西式早餐。然而，無論您選擇哪一種都絕對不會後悔，而且還會發現光是為了早餐就足以在此留宿。飽餐一頓後，當您詢問旅館人員該在何處度過早晨時光，他們便會回答您：「**INODA COFFEE**」（地圖B⑮）。

就連事事講究的俵屋，都能放心地向客人推薦這間咖啡店。這就是 INODA COFFEE 的厲害之處。

其日文店名中的「咖啡」，不是「コーヒー」而是「コーヒ」，這是咖啡的舊稱，極具京都風情。INODA COFFEE 在熱鬧的市區、車站、觀光景點都有分店，但我最推薦的還是總店。進入店內，就會看見一些老紳士，坐在自己常坐的位子，攤開報紙悠閒地享用早餐，表情就像在說：「京都的早晨就從 INODA 開始。」在老紳士身旁坐下，攤開地圖規劃今日行程，也可說是早晨的樂趣之一。

早餐中我最推薦「麵包捲套餐」。尾巴上翹的炸蝦外型討喜，包裹炸蝦的麵包捲也相當正統。除此之外還有高麗菜絲和馬鈴薯沙拉，再配上一杯咖啡，這樣才八百日圓。

店內最有夏日風情的商品，就是繪有祇園祭山鉾的咖啡罐。帶回家開封後，在咖啡粉的香氣之中，彷彿能聽見祇園囃子的聲音。

La Boulange ASANO：咖哩麵包

您或許會覺得意外，其實京都人非常熱愛麵包，走在京都街頭也常聞到剛出爐的麵包香氣。每個京都人都有偏愛的店家，三天兩頭就會到店裡報到。店家大多會先公布每種麵包的出爐時間，客人再按各自需求於該時段前往，而且都會先預訂好再去。心血來潮走訪知名的麵包店，通常都搶不到麵包，只能看著那些貼滿「預訂」的麵包黯然離去。

京都人另一項特徵就是「容易移情別戀」。只要有新開的麵包店，我們就會前去嚐鮮，如果那裡的麵包很合口味，我們會毫不猶豫地拋下過去偏愛的店家，成為新店家的主顧。一次又一次，像這樣在不同店家之間打轉。麵包價格不貴，因此我們經常買麵包來當伴手禮。知名的店、難買的店、新開的店——買到這些店家的麵包送給朋友時，心裡多少也有些驕傲。

「我們家麵包買多了，分你們一些。」

婦人邊說邊將溫熱的紙袋遞給對方。

「唉呀，這不是〇〇家的法國麵包嗎？我正想吃呢，這個很難買的。真香。」

另一名婦人聞了聞露在紙袋外的麵包，露出陶醉的表情。

收到麵包的人開心之餘也有些不甘，但並不會顯露在臉上，這就是京都人。

洛北上賀茂橋畔，玄以通和新町通交叉口附近，有一間麵包店名叫「**La Boulange ASANO**」（地圖A③），這間店有個鮮為人知的美食：咖哩麵包。

賀茂川流貫京都中心，可謂京都人的綠洲。無論季節、無論早晚都有許多市民望著河面在此小憩，不過一天之中最舒適的還是早晨。晚秋時分，當旭日終於從東山群峰後方升起時，賀茂川早已進入尖峰時段。慢跑、遛狗、做體操……每個人都用各自的方式，享受早晨的新鮮空氣。

我從幾年前開始養成健走的習慣，只要人在京都，幾乎每天早上都會出門散步。某次散步經過洛北上賀茂橋畔，聞到一股剛出爐的麵包香氣，我循著氣味來到了這間「La Boulange ASANO」。店內皮薄香脆的法國麵包極受歡迎，但我認為最值得一嚐的還是咖哩麵包，味道清爽，當早餐正合適。

上賀茂神社以京都三大祭典中的葵祭聞名，La Boulange ASANO 鄰近上賀茂神社，位於新町通北端。店內採光良好，售有種類豐富的麵包。從早到晚，都有客人前來購買剛出爐的麵包。從三明治、鹹麵包到水果類的麵包，每種都帶有熱呼呼的暖意。

新福菜館本店：拉麵早餐

京都車站附近有兩間拉麵店一早就大排長龍，京都人都暱稱其為「高橋拉麵」，因為店家前面就是一座橫跨 JR 軌道的高架橋。兩店不知為何比鄰而居，一間叫「本家第一旭」（地圖 G㊷），另一間叫「新福菜館本店」（地圖 G㊸）。

不可思議的是，京都經常可以見到這種雙雄並立的情形。比如「今宮神社」境內販賣「炙烤麻糬」（あぶり餅）的店家就是如此，一間叫「一和」（地圖E㉘），另一間叫「飾屋」（地圖E㉙），兩間店的味道一模一樣，無從得知哪間才是本店或始祖。「高橋拉麵」也是，兩間店的拉麵有著相似的外觀、相似的味道。然而客人通常只會按照喜好選擇店家，沒有人會在意店家的成立經過，或者這兩間店的關係是好是壞。這應該也算京都人的特點吧。

「新福菜館」本店早上七點半一開店，一群搭乘夜間巴士早早抵達京都的學生，便迫不及待地進入店內。東京出發的夜間巴士，七點前就抵達京都，稍微打發時間後空腹來到這裡，每個人一吃到拉麵都會露出幸福的笑容。我已在其他書中介紹過這間店，其拉麵的特徵就是黑色的湯頭。乍看之下總覺得充滿醬油的鹹味，實際嚐過後卻會發現味道相當爽口，讓人忍不住一口接一口，回過神來時碗已經空了。

新福菜館本店的拉麵

這種與外觀迥異的溫和口感，任誰都會喜歡。深夜喝完酒後吃碗拉麵再回家也很不錯，但不知為何早上吃起來卻更好吃。

據說這間店之所以會在早晨營業，最早是為了服務「京都中央批發市場」裡的工作者，讓他們得以在工作告一段落時吃碗拉麵，然而現在店內幾乎都是觀光客。或許有人會對「一大早就吃拉麵」感到排斥，但還是請您務必嘗試看看。吃完拉麵放下筷子時您就會明白：這就是京都的滋味。

總本家鯡魚蕎麥麵・松葉

開設於車站內的蕎麥麵店，俗稱「車站蕎麥麵」（駅そば），大部分都是以站立方式用餐，價格也很便宜。畢竟客人前往這些店家，大多是為了快速填飽肚子，而非仔細品味美食。

蕎麥麵適合在宿醉的早晨吃，對胃好、對荷包也很好，因此我經常在蕎麥麵店吃早餐。

「總本家鯡魚蕎麥麵・松葉 京都車站店」（地圖G㊶）雖然位於車站內，但因為是老字號蕎麥麵店的分店，味道相當正統。這間店開在新幹線大廳內，不用說自然有位子可坐。如店名所示，京都美食「鯡魚蕎麥麵」正源自這間店。又甜又鹹的醬煮鯡魚配上熱騰騰的蕎麥麵，充滿京都的獨特風味。

早上七點至十點供應三種早晨優惠套餐，我最推薦「迷你鯡魚蕎麥麵套餐」。小碗的鯡魚蕎麥麵搭配溫泉蛋、白飯和漬物，就早餐而言份量充足，價格千圓有找，讓人十分滿意。

店位於新幹線月台正下方，無論您是剛到京都或是即將離開京都，都可以前往用餐，請您務必嚐嚐那充滿京都風味的高湯。

篩月：精進料理

洛西名剎**天龍寺**（地圖J）以池泉回遊式庭園[8]聞名，可能因為這點太過有名，人們反而不知道在此也能吃到精進料理。

「篩月」（地圖J㊼）中午自十一點營業至兩點，他們的「雪」套餐不用預約也吃得到，價格是三千五百日圓（包含庭園參觀費用），內容包含一湯、一飯、五菜。這種質樸的料理可謂曖曖內含光，與某些京都料理店的宴席相比，味道更加豐富內斂，就連豆腐、湯葉、蔬菜等一般人熟悉的食材，也調理得別具風味。

飯後還可在知名庭園內散步，教人倍感愉悅。夏天以此作為早午餐正好。

大德寺一久：五味祕法

「盂蘭盆法會」源自釋迦牟尼的弟子目連，傳至日本後演變為祭祀祖先的儀式，日語俗稱「お盆」（obon）。京都人暱稱祖先為「お精霊さん」（o shorai san），於八月十三日恭迎、十六日恭送，這段期間京都人每天都會為祖先奉上不同的餐點。其中有一道「能平湯」（のっぺ汁），加入葛粉或太白粉呈濃稠狀，湯裡有湯葉、小里芋，湯底用昆布而非柴魚熬煮以避免腥臭。

然而，現在已經很少人會在盂蘭盆節期吃素，甚至有「盂蘭盆假期，請用牛排犒賞自己」這樣的超市標語。**「大德寺一久」**（地圖E㉝）向大德寺學來酸甜苦辣鹹的五味祕法，其歷史長達五百年。大德寺一久的精進料理「大德寺緣高盛」，可說是現在這種時勢下的清流，清新滋味令人身心為之一振。

大德寺一久緊鄰洛北名剎大德寺，據說其名由一休禪師所取，可謂老字號。望著修剪得宜的庭園享用精進料理，也有潔淨心靈的效果。飯後還可買些風味獨特的「大德寺納豆」回家。

大德寺一久

夏日辣味料理

夏天即使什麼都不做就已經夠熱了，辣味料理只會讓人流更多汗。不過吃辣也算某種逆向療法。京都的夏日總教人汗流不止，就算想避免流汗也沒有效果，不如就讓汗水一次流個夠吧。這時就該吃點「好吃但辣、辣但好吃」的料理，讓額頭上冒出大粒汗珠。

鳳飛：辣雞

京都人總愛為事物增添一些京都風味，就連中華料理也不例外。北京、四川、廣東、上海四地的料理，全部加起來除以四再加點京都風味進去，就成了「京都中華」。「飛雲」、「平安樓」、「大三元」……這些都是曾經開在京都的中華料理店，其料理清淡爽口，唯有京都才吃得到。會用「曾經」一詞是因為這些店家都已成為過去式，最後一個倒下的，是位在洛北賀茂川畔的「鳳舞」。

「鳳舞」所在的建築是間天花板挑高的洋房，店內帶有一股大陸氛圍，菜色以廣東料理為主，口味清爽，無論男女老幼都喜歡，每到午餐時段總是大排長龍。雖然他們的待客方式令人不敢恭維，但是許多京都人都對此毫不介意，繼續耐心地在店外等候。

只可惜「鳳舞」已於二〇〇九年歇業。那間店有許多特色料理，最具代表性的莫過於「辣雞」，其為四川風味的香辣炸雞。

整塊雞腿肉沾滿麵衣慢火油炸，起鍋後再淋上滿是辣椒粉的勾芡醬汁。每個人吃的時候都會心想：「怎麼這麼辣？」但是不會有人因此放下筷子，簡直就像毒品一樣，夏日裡不吃它一次還會覺得不甘心。

另一間店「鳳飛」（地圖E㉛）比鳳舞更勝一籌，至今仍極受歡迎。大部分的人都認為鳳飛的辣雞比「鳳舞」更好吃。

位在鬧區的中華料理店，大多會用鮮豔的顏色裝點門面以吸引顧客；然而京都的店家卻相當樸實，不仔細看還會誤以為是民宅。不只外觀如此，他們在料理上也重視節制，因此味道才會這麼清淡爽口。

炒飯、咕咾肉、燒賣等菜色，皆以日本料理的方式適度調味，滿足京都人的味蕾。然而這道「辣雞」卻在眾多菜色之中大放異彩。適度的酸味和強烈的辣味帶來刺激，讓人從昏昏欲睡的暑氣中清醒過來。大口吃下沾滿醬汁的雞肉，沒多久便開始冒汗，正好可以消除暑氣。鳳飛位在洛北的住宅區內，光是這間店就足以讓人特地前往，但若您想順道觀光，**大德寺**（地圖E）就在附近。大德寺也是一間適合夏日造訪的禪寺。一早參拜完後，還有可口的辣味料理在等著您。

鳳飛

食事處山彥：牛腱咖哩烏龍麵

十多年前京都熱潮剛興起時，我出版了《京都價值》（京都の値段），書中介紹適合夏天的麵食，其中提到「食事處山彥」（地圖C㉔）的牛腱咖哩烏龍麵。爾後這間店逐漸受到矚目，現已成為大排長龍的名店，就連媒體也爭相報導。

介紹京都美食是我的工作，但最令我煩惱的莫過於此。有時寫了些鮮為人知或我偶然發現的美食，結果卻使店家一炮而紅，我也無法再像以前一樣隨興用餐。「都怪那個人多嘴……」常客肯定對此感到不快，一思及此，我便心生愧疚。

有些店家，餐點雖然美味卻沒沒無聞，顧客想替他們宣傳也是人之常情。而且發現不為人知的好店時，總會有些得意，無法一直藏在心底。然而，每次一到店門口就看到大排

食事處山彥

長龍，不得已只好打退堂鼓時，說實在的心情真的有點複雜。

「食事處山彥」現已成為知名的牛腱咖哩烏龍麵店，但味道不僅沒有改變，甚至還更上一層樓，真教人慶幸。值得排隊一嚐的牛腱咖哩烏龍麵，價格也才八百八十日圓。

燉得軟嫩的牛腱肉加在日式咖哩內，與烏龍麵完美結合。「對、對，就是這個味道。」那不變的美味讓人吃得頻頻點頭，嘴角也不自覺地上揚。他們的咖哩不只是辣而已，還會有股高湯香氣殘留在舌尖。能夠創造出這種富有層次的滋味，不愧是京都的餐廳。

「食事處山彥」位於京都府廳對面，面向丸太町通。既可專程前往，也可順道觀光，京都御所、二条城就在附近。想藉由辣味一消暑氣，來這間麵店正好。

土用丑日

談到夏日美食當然少不了鰻魚。土用丑日[9]吃鰻魚，原本是平賀源內[10]想出的行銷手法，照做總有受騙的感覺，奇妙的是每到土用丑日前後就會想吃鰻魚。平賀源內真是太會行銷了。夏天吃鰻魚總想多配點白飯。光是原味的白燒鰻魚就能配一碗飯，蒲燒鰻魚還能再配一碗，再來點烤鰻魚內臟……這還是留到其他季節再吃吧。

祇園 Uokeya U：鰻桶

祇園花見小路附近的大街總是特別熱鬧，許多觀光客拿著相機想拍下舞伎的身影。遠離喧囂的街頭，轉進一旁的巷弄，便會發現裡頭充滿古老而靜謐的氛圍。

沿著祇園甲部歌舞練場對面的小路往西走，來到南北向的巷子後往南轉，很快就會

看見「祇園 **Uokeya U**」（祇をんう桶やう，地圖B⑨），那印著一個「う」字的門簾隨風搖晃。店內飄出烤鰻魚的香氣，讓人忍不住多聞兩下。

脫下鞋子，踩上擦得光亮的木頭樓梯，上樓後稍待片刻。第一次造訪這間店的客人，看見面前的容器都會發出驚呼，因為和想像中的鰻魚飯太不一樣了。

如店名所示，這間店是將鰻魚飯裝在木提桶裡，小桶有二、三人份，大桶則可供四、五人食用。桶底鋪著白飯，再疊上滿滿的蒲燒鰻魚。這外觀實在讓人印象深刻。

一般是以飯杓將鰻魚飯舀進碗內食用，但我有個小小的願望，希望有天能夠直接拿起桶子扒飯來吃。不過，在店家改良吃法之前，我的胃部可能會先老化而無法實現這個願望。

祇園 Uokeya U

這裡的鰻魚採關東作法先蒸再烤，因此魚肉特別軟嫩。醬汁不會過甜過鹹，味道剛剛好，拌在飯裡相當美味。它不像名古屋的「鰻櫃」有那麼多吃法，雖然只是鰻魚和白飯的單純組合，卻讓人忍不住一吃再吃，甚至覺得「享受」這個詞根本就是為了這道料理而創的。

廣川：清爽的鰻魚飯

京都第一名勝嵐山附近，有著許多風景區常見的店家，每到用餐時刻總教人不知如何選擇。然而「廣川」（地圖J㊻）這間店的鰻魚飯，好吃到即使專程前來也值得。

「廣川」幾年前搬遷至同條街的另一處，新店建得比以前更加氣派。雖然店址變了，鰻魚飯仍和以前一樣。橢圓形的漆盒中，整齊地裝著爽口而柔軟的烤鰻魚，配上煮得稍硬的米飯相當搭調，令人吃得津津有味。店家重新開幕時，餐點味道往往會變差。然而「廣川」卻不會，每次都能讓人心滿意足地離去。

我年輕時覺得他們的鰻魚飯吃起來不夠味，現在卻覺得這樣剛好。偏好重口味的人可能會不太滿意，但對於無法接受濃烈口感的人而言卻再好不過。

無論您是來這裡觀光或散步，都請務必造訪這間店。若您愛吃鰻魚，即使為此特地前來也絕對不會後悔。

夏日涼麵

SAKAI：冷麵全年供應

在關西，尤其京都人說的「冷麵」，相當於關東的「冷中華麵」（冷やし中華）。蕎麥粉做的彈牙麵條，京都人一般稱為「韓國冷麵」；單用「冷麵」二字則是指「冷中華麵」。加入鹼水製成的黃麵，搭配小黃瓜、火腿或叉燒，再放上滿滿的蛋絲，最後以芝麻、醬油與白醋調成醬汁並淋在麵上即可上桌。

夏天一到，店家紛紛貼出「已開始供應冷麵」的公告。夏天的冷麵和冬天的炸牡蠣一樣是季節性料理。然而這間「**中華 SAKAI 本店**」（中華のサカイ本店，地圖 E㉜）令人困擾，不，應該說令人高興的是，他們整年都有供應冷麵。

其位於洛北上賀茂一帶，沿著上賀茂神社前方的御薗橋通，橫越賀茂川後繼續往西走，來到大宮通前就會看到「SAKAI」。乍看之下，很像隨處可見的中華料理店。

祇園權兵衛：細烏龍冷麵

京都極具代表性的蕎麥名店「祇園權兵衛」（地圖B⑦），每年夏天都會推出季節限定的「細烏龍冷麵」，其中藏著三個驚人之處：一是份量，他們的份量比祇園其他店家更多，可以讓人飽餐一頓；二是麵的彈力，其麵條細長，完全看不出竟會如此彈牙，咀嚼中可以嚐到烏龍麵本身的香味；三是沾醬的濃度——可謂達到量、質、味三位一體，顛覆一般人對於京都的想像，從那紮實的味道中可以窺見祇園的奧妙。

大阪不用說，自然是劃分在「烏龍麵圈」裡。京都則難以判別，既像在「蕎麥麵圈」，也可說是

祇園權兵衛

在「烏龍麵圈」。京都的烏龍麵較為柔軟，不像大阪那麼有嚼勁，一咀嚼往往全部化開，同時湯汁的香味也冒了出來。溫熱的烏龍麵大多如此，然而夏天吃的細烏龍冷麵卻意外地有彈性。稍濃的醬汁，看似無法附著在麵條上，但事實正好相反。無論多沒胃口，都能毫無負擔地吃下肚。這樣的冷麵只有在夏季的祇園才嚐得到。

夏日點心與飲品

松屋藤兵衛：珠玉織姬

多麼美的和菓子啊！我每次看到「珠玉織姬」都這麼想。抓起菓子讓它在掌上滾動，顏色漂亮、形狀可愛、大小適中，而且味道也很可口。很多人都買來當作七夕禮物。

七夕的日語漢字又寫作「棚機」（tanabata），是個與織布有關的節日。相傳七夕夜空中的織姬（織女）星原是天帝的女兒，天生擅長織布。然而她邂逅夏彥（牛郎）後便忙著談情說愛，荒廢了織布的工作。天帝一怒之下，強迫他們一年僅能相會一次。

松屋藤兵衛

「珠玉織姬」彷彿阻隔兩人的銀河一般。這美麗精緻的和菓子出自老字號和菓子店**「松屋藤兵衛」**（地圖E㉞），這間店鄰近織布聲不絕於耳的西陣，而且旁邊就是大德寺。將糖蜜固定成圓形後，使其表面沾滿砂糖，最後呈現高貴而繽紛的色彩。

「希望每年這天都能放晴，讓他們在天上團聚。」你的情人邊說邊露出欣羨的眼神，那眼神如此可愛，令你不禁拉起對方的手，輕輕將菓子放在對方掌心，兩人繼續並肩仰望七夕的夜空。

松屋藤兵衛附近有一處**「織姬社」**（地圖E），祭祀的是紡織之祖栲幡千千姬命。這位神明既是織女的老師，也守護著以紡織聞名的西陣，備受當地人愛戴。據說德川第五代將軍綱吉之母桂昌院，也曾為建造這座神社投注心力。桂昌院別名為「玉」。珠玉織姬這個名字，同時具有紡織、織女、桂昌院等多種意象，充滿了老闆的巧思。

鍵善良房：葛切

小時候去祇園最開心的就是能上「鍵善良房本店」（地圖B⑩）的二樓吃「葛切」[11]。當時店裡用以盛裝葛切的容器，是漆藝家黑田辰秋的作品。該種多層容器稱為「信玄便當」，容器表面以貝殼鑲嵌出精緻的花紋。店家改建後，用餐地點也從二樓移到了一樓內側。

黑田受封為日本國寶藝術家後，店家當然無法繼續使用他的作品，現已改用抹茶般的鮮綠色漆器盛裝葛切。店內風格雖然有些變化，但是黑田創作的韓國李朝風格的家具依然置於店內，清淡的葛切配上甘甜的糖蜜，那股冰涼口感也和往昔相同。透明的葛切滑入喉嚨時彷彿甘露一般，為祇園的夏天帶來涼意。

鍵善良房的「葛切」

出町雙葉：水無月

出町桝形一帶過去並不屬於京都城內。連接京都與若狹（福井縣西南部）的「鯖街道」以此地為終點，這裡因而成為雅俗交會之地，許多京都人與若狹人往來其中。或許因為有這層背景，出町桝形商店街才會出產這麼多獨特的美食。「**出町雙葉**」（出町ふたば，地圖D㉗）的「水無月」便是其中之一。

「出町雙葉」以樸素的和菓子「豆餅」聞名，它讓討厭排隊的京都人甘願排隊。不過，夏日裡最應一嚐的還是季節限定的「水無月」，一般習慣在六月三十日食用。可能會有人覺得，在特定的時間吃特定的食物很麻煩，但實行起來其實還滿輕鬆的。

三角形的外郎上放著紅豆粒，共有白、黑、綠等不同口味，胃口好的人可以一次吃三個。古代的庶民很難嚐到冰窖中貯藏的冰塊，因此用外型相似的水無月代替。從和菓子中也能看出京都人的巧思。

Cricket：葡萄柚果凍

早在西點還沒這麼流行的時候，京都就有不輸和菓子的西點，「Cricket」（地圖F㊴）的「葡萄柚果凍」就是其中的代表。這間店位於西大路通上，對面是每到櫻花季就會充滿人潮的平野神社。這種點心口感清爽，吸引京都人再三前來。

果凍和寒天不同，寒天是和菓子，果凍則是西點。不過京都人對葡萄柚果凍的支持可不會因為這點而動搖，我們反而熱愛這種清爽而單純的滋味。一個六百五十日圓，價格適中。有些店家將稀有的夏蜜柑做成寒天，一個就要價一千數百日圓，一點也無法達到輕鬆消暑的效果。唯有揮金如土的名流，才會爭相購買老字號和菓子店的昂貴寒天。大部分的京都人終究只是「平民」。

Cricket

紫野源水：涼一滴

羊羹可謂和菓子之王，但我已經很久沒吃羊羹了。小時候看到厚片的羊羹，眼裡總會充滿期待，然而現在只覺得腹脹胸悶，可能是因為上了年紀的緣故吧。若以牛肉來比喻，羊羹與霜降牛肉較為相似，濃厚的口感僅可淺嚐，吃多了很快就會膩。水羊羹則像不含脂肪的瘦肉，讓人吃得一口接一口。在竹皮的包裹下蒸製而成的「丁稚羊羹」也是如此。

「紫野源水」（地圖E㉚）的「涼一滴」裝在充滿涼意的白瓷器內，拿起那冰鎮過的容器便覺得沁涼無比，舀起甜而不膩的水羊羹一口吃下，彷彿有股涼風拂過口中。

除紅豆口味外，芝麻口味也很可口，一下子就能吃完兩個。吃完後容器還可留下來當作茶杯或酒杯使用。

紫野源水的「涼一滴」

無論是它的名字、大小、滋味，都是京都夏日的象徵。

鳴海餅本店：水萬壽

傍晚時分，一名老婦人提著紅豆飯走出「鳴海餅本店」（地圖E㊱）。

「太太，今天吃紅豆飯啊？」

「對啊，天氣這麼熱，我只吃得下紅豆飯。」

兩名獨居的京都老人在路上閒聊起來。

「我孫子他們今天回來，吵著要吃這個，所以我就來買了。」

老婦人笑著展示了一下袋子，裡頭有二十個色彩繽紛的「水萬壽」。

「真熱鬧。我家孫子不但沒回來，連一通電話都沒有。」

見對方一臉寂寞，老婦人趕緊從袋中拿出兩個水萬壽，遞了過去。

「這個請你吃，很好吃喔。」

明白獨居之苦的兩位老人，藉由甘甜的水萬壽達到了心靈上的交流。

鳴海餅本店位於堀川下立賣，其最有名的商品就是紅豆飯。許多京都人即使沒有要慶祝什麼，也會買紅豆飯來吃。如店名所示，他們的商品也包含餅（麻糬）與和菓子。每個季節都有不同的饅頭菓子擺在櫥窗內，模樣精緻美麗。夏季限定的水萬壽不僅外觀清涼，冰鎮食用更是沁涼，可謂京都特有的消暑聖品。

鳴海餅本店

珈琲 Cattleya

祇園祭的山鉾巡行結束後，大批遊客如退潮般散去，很少人知道當天傍晚會有三座神轎從八坂神社出發，越過鴨川後，繞行於三条、四条之間。

經歷八月十日的神輿洗式、十六日的宵山之後，神明便降臨神轎，而這神轎正是除厄儀式的證明。對於京都的民眾而言，八月二十四日神轎回到八坂神社的「還幸祭」，才是真正的「祇園桑」。

「珈琲 Cattleya」（地圖 B⑧）位於祇園石階下，充滿古典風格。他們用以沖煮咖啡的水，和八坂神社的「御神水」源自相同水脈，喝起來如同甘露一般。還幸祭時有上千名揮汗如雨的轎夫，「珈琲 Cattleya」按照慣例會提供他們飲品，這也是該店引以為傲的傳統。

京都的傳統喫茶店年年減少。近年來，比起飄著咖啡香氣的喫茶店，充滿花草茶香、氣氛輕鬆的歐式咖啡館更受歡迎，以致無數喫茶店不得不歇業。「珈琲 Cattleya」至今屹立不搖，教人十分欣慰。「祇園桑」的季節，就該坐在這充滿藝文氣息的店內，喝上一杯冰涼的咖啡。

站在祇園石階下，眼見八坂神社的朱紅色樓門被豔陽照得閃閃發亮，自己也熱得滿頭大汗。這時若購買自動販賣機的飲料解渴，實在太沒有京都風情。還是前往優雅而低調的「珈琲 Cattleya」，才是祇園一帶最好的小憩方式。

進入微暗的店內後，會先注意到裡頭的水井。您可望著這涼爽的景致，享用以八坂神社御神水泡成的冰咖啡，藉此滋潤乾渴的喉嚨。

上七軒歌舞練場啤酒園

介紹完咖啡，接著來談談啤酒吧。嗜酒者夏日裡的最愛，莫過於啤酒園（beer garden）。來到啤酒園喝下第一杯啤酒，便會覺得白天的酷暑全都只是這杯酒的前奏。要是沒有這杯啤酒滋潤乾渴的喉嚨，人們何以能在夏日辛勤工作呢？盛夏的啤酒就是這麼地好喝。最能讓人體會到這點的，就是夏季限定的啤酒園。

都市裡的啤酒園大多位於大廈頂樓。然而京都不愧是京都，最棒的啤酒園不但藏身在以織布聞名的西陣，而且還是在京都最古老的花街「上七軒」，有許多舞伎、藝伎穿梭其中。這是夏季限定的「**上七軒歌舞練場啤酒園**」（地圖F㊳）。不過，這裡和川床一樣以享受氣氛為主，不能對其料理抱有過多期待。

這所啤酒園每年七月開張，九月上旬關門，陰曆盂蘭盆節期間休息。這裡每天都有數名舞伎、藝伎帶著笑容，穿梭席間和客人聊天，讓人有種身在藝伎茶屋的感覺。低消是一杯中杯啤酒附下酒菜，這樣才兩千日圓，可說是相當值得。

上七軒歌舞練場

京都全日空皇冠廣場飯店啤酒園

我個人相當喜歡這間飯店，曾在其他作品中詳細介紹過。他們夏季時於頂樓開設的啤酒園（地圖C㉕）也很受歡迎。這間飯店擁有頂級的日、西、中式餐廳，其料理備受好評，而且還能就近望見二条城，景色十分優美。

啤酒園裡有豐富的下酒菜，配上無限暢飲的啤酒——不過一個人自然是喝不了那麼多酒。和親友一起俯瞰京都夜景，一起討論「那是哪裡？」、「那片森林是御所，那麼這棟大樓呢？」才是最開心的事。

飯店備有接駁車可以前往京都車站，接駁車也會配合啤酒園的營業時間加開班次，因此即使不打算在此留宿，也能享受飲酒之樂。

京都車站前，也有一些飯店於頂樓設有啤酒園，其料理只能說是「尚可」的程度。不過，享受啤酒園的熱鬧氣氛才是重點，其他事大可不必斤斤計較。

京都與啤酒園，原來也能如此搭調。

京都全日空皇冠廣場飯店

柏井壽觀點：京都餐飲二三事

京都的食物可能有很多遊客已經吃怕了。

雜誌、電視等媒體總愛來京都朝聖，京都的餐廳已經透過文字和電波，不斷地被介紹出去，到了已經沒有餐廳可以介紹的程度。

最近常有「隱藏版美食」之類的節目，專門介紹「只有在地京都人才知道的店家」，介紹者大多是地方雜誌的編輯、知名人士或計程車司機，然而內容卻都不怎麼可靠。我不禁懷疑，真的能將這些店家推薦給遊客嗎？

有個電視節目，請來某位計程車司機介紹鮮為人知的好店，他介紹了一間可疑的「京都家常菜（おばんざい）吃到飽」餐廳，還說京都人也很愛這間店。我收看時驚訝得目瞪口呆。

我說過很多次，真正的京都人絕對不會在餐廳吃家常菜。「おばんざい」（obanzai）

這個字指的是京都人在家吃的簡單食物，我們不可能會花錢去店裡吃這種東西，更不用說「吃到飽」……正常的京都人絕對不會踏進這種店，那位司機卻像代表在地人一樣，信誓旦旦地這麼說，令我聽了頗不以為然。

人的喜好各有不同，自願造訪那間店是個人自由，但是言過其實的吹捧就不恰當了。善於宣傳的店家，擅自捏造出京都的形象，利用這種形象來討好客人，藉此獲得額外的利益。正常的京都人見到現今這種潮流，都會不禁皺眉。

這間「京都家常菜吃到飽」餐廳，還會對每位入內的客人說：「歡迎回來」，甚至宣稱這是「京都人的待客之道」，真是太荒謬了。

京都的店員見到第一次造訪的客人，怎麼可能會說「歡迎回來」？京都人才不會故作親切，說這種話討客人歡心。光從這點就能看出店家素質如何。

雖說是吃到飽，但價位在兩千日圓左右，這種價位的店家要多少有多少，何必執著於這間店？我想，這間店可能對計程車司機還不錯吧。果不其然，他們官方網站上寫著：畢業旅行的學生半價，引領學生前來的司機也半價。看出背後的利害關係，就能明白是怎麼回事。

從以前就有一種公認的說法：「想找美味而鮮為人知的餐廳，問計程車司機就對了。」這種法則有時確實行得通，但是近年來人心險惡，一味相信司機是很危險的。畢竟，有些司機還是會優先考量自己的利益，載著客人前往那些「有利可圖」的店家。請各位務必提高警覺，以免上當。

同樣的節目裡，還有一名地方雜誌作者，介紹了坂本龍馬吃過的雞肉鍋，聽起來也相當可疑。

那間店建築華美，而且歷史悠久，但是無法確定龍馬一事是否屬實。他們卻說得信誓旦旦，好像龍馬經常造訪一樣，令人無法信服。那間店自從老闆換人之後，雞肉變得一點也不鮮甜，而且一份雞肉鍋就要價一萬兩千日圓以上，所以我實在無法向人推薦那間店。

若想品嚐乳白雞湯，可去以親子丼聞名的**「西陣・鳥岩樓」**（地圖E㉟），只要六千多日圓，就能享用「水炊鍋套餐」；若想追尋龍馬的足跡，則應造訪前述位於繩手通的

「鳥新」（地圖B⑥）。因為鳥新搬遷前的原店，曾在司馬遼太郎的小說《龍馬行》中登場過，就史實而言，龍馬更有可能在此用過餐。然而「鳥新」卻只在官方網站上淡淡地陳述事實，沒有大肆宣傳。

「鳥新」的水炊鍋也只要七千多日圓。這樣一來，各位就能明白節目介紹的那間店有多麼昂貴了吧？若有人明白這點還願意前去消費，當然沒有問題；但是媒體卻未經求證，輕易轉述（抄襲）其他電台或雜誌的內容，編造出「龍馬＝雞肉鍋＝那間店」的假公式，請各位千萬小心不要受騙。

西陣・鳥岩樓

鳥新

京都的店家最不可或缺的就是「深度」。最近的世態，可以用「雄辯勝於事實」來形容。不過，這點雖然在大阪適用，在京都卻會顯得不倫不類。我不厭其煩地在文章中提醒讀者，一定要小心那些宣稱自己賣的是「京都料理」、「京都蔬菜」、「京都家常菜」的店家，然而這種風氣似乎越來越盛行。

有些店家不跟隨潮流，只是不斷在歷史長頁中，寫下新的一頁。京都特有的風味正潛藏在這種店家之中。

「我們只是謹守上一輩的教導，絕對沒有特殊技術，也不以自己的料理為傲。我們每天戰戰兢兢，深怕被老客人責罵。這間店並沒有好到可以登上雜誌版面，還請各位見諒。」

某間老店創業於大正時代，其現任老闆曾經這麼說過。這間店從未接受媒體採訪，但是至今仍然延續著傳統美味。這才是真正的「鮮為人知的好店」。我們該對這種堅拒採訪的態度抱持敬意，並且讓他們靜靜開店，不致捲入混亂的商戰之中，這也是京都人的責任。

1 香魚日語為「鮎」，海鰻日語為「鱧」。
2 平清盛的次女，安德天皇的生母。壇浦之戰時，與安德天皇一同跳海自殺未遂，為源氏所俘。
3 日語為「穴子」。
4 鋪有榻榻米的房間，此指料亭等日式料理店中的大型和室。
5 全名《和名類聚抄》，為平安中期的中日辭典，以分門別類的方式蒐羅中文詞彙。
6 日語的「床」讀作「ゆか」時多指木地板，讀作「とこ」時除地板外也有河床之意。
7 洋食指的是日本獨自發展出的西式料理，如蛋包飯、可樂餅等，不同於一般所說的西餐。
8 以大池為中心在其周圍鋪設步道，供人繞著池塘漫步賞景的日式庭園。
9 立春、立夏、立秋、立冬等四個節氣的前十八日稱為「土用」，這段期間內若碰到十二地支的丑日即為「土用丑日」。現在大多專指夏季的土用丑日，可說是夏季最炎熱的日子。
10 江戶時期的博物學者、發明家。平賀源內在鰻魚店外張貼「今天為土用丑日，應食鰻魚」的海報，成功解救鰻魚店的生意。
11 葛切（くずきり），點心名，將葛粉溶於水，加熱使之凝固後切成細絲冰鎮，再沾取糖蜜食用。

第四章
近江夏日小旅行

京都人眼中的近江

從東京前往京都時會先經過近江（滋賀縣），但每次都只是路過總有點過意不去，這次就來琵琶湖周邊好好遊玩一番吧。在以前，夏天的琵琶湖就是京都人的「海邊」。京都府西北部鄰接日本海，但是京都市位於京都府東南部，離海太過遙遠。相較之下，鄰縣的琵琶湖反而更近。琵琶湖是日本最大的湖泊，有些地方甚至遠到看不見對岸，湖面也有波浪。小時候，大人說要帶我去琵琶湖做「海水浴」，我都會興奮得蹦蹦跳跳，內心沒有任何疑惑。

京都有好幾條通往近江的路線，但若想前往「海邊」，就要沿著琵琶湖疏水道逆流而上。起點位於京都市中心，即地下鐵東西線的「京都市役所前」站（地圖B）。

京都的地下鐵只有兩條線，一是貫穿南北的「烏丸線」，二是連結東西的「東西線」。和東京、大阪相較之下，京都的地鐵路線確實是少得可憐；有些大都市僅靠地鐵就能四通八達，我們也會對此感到羨慕。然而這就是古都的命運，再無奈也只能接受。

不只地下鐵，京都各地為了建造樓房而開挖地基時，經常會挖出一些珍貴的古物，以致工程被迫中止。地下鐵這種大工程更不用說，一旦開挖肯定三天兩頭就會挖到平安京的遺跡。

京都這兩條地下鐵排除萬難後終於通車，而且還直通近江，這件事說來還真是不可思議。

從「京都市役所前」，搭乘地下鐵東西線至琵琶湖岸邊的「濱大津」，全程只要二十分鐘。

僅僅二十分鐘，相當於在東京搭乘地下鐵銀座線，從日本橋到澀谷的時間。可見京都人前往琵琶湖，就像東京人在都內移動一樣方便。我之所以會在京都漫遊的書裡介紹琵琶湖，也是因為這個緣故。

我在前作《京都：春季遊》介紹京都時，就已將範圍擴大，不侷限在京都市內。若按東京的分區標準，近江自不用說，奈良、若狹也應納入介紹範圍。這些地區和京都在文化上、地理上都有緊密關聯，走訪這些地區之後，就能更加清楚地認識京都這座城市。

搭乘地下鐵到濱大津散步

夏日旅行最重要的就是早起，這樣才能趁著涼爽時抵達目的地。造訪琵琶湖當然也是越早越好。搭乘七點十九分於「京都市役所前」發車的地下鐵，抵達濱大津（地圖K－b）時是七點四十三分，此時還很涼爽。

東西線連接京阪京津線，自「京阪山科」站起爬升至地面，行經「追分」站，越過古時的關隘「逢坂關」後，琵琶湖便近在咫尺。

於「濱大津」站下車，走過天橋即可來到「大津港」。港口以東的湖岸稱為「大津湖岸渚公園」（なぎさ公園，地圖K－b），有段步道可供散步，走到「近江大橋」單程約三・五公里，來回七公里。這樣走下來大約一萬步，一般花兩小時即可走完。

眼前的「琵琶湖飯店」過去位於湖西，原名「琵琶湖迎賓館」，是棟相當知名的建築。飯店搬遷後，外觀也變得更具現代感。再走一會兒，會看到一棟屋頂線條優美的建築，這是「滋賀縣立藝術劇場琵琶湖表演廳」。這座大型劇場具備日本罕見的四面舞台，常有歌劇等演出，可謂西日本首屈一指的劇場。從那充滿藝術性的外觀也能看出其野心。

一艘艘帆船駛過湖面，帆在風中飄動。天空和湖水明亮澄淨，比良群峰聳立在遠方。身在京都絕對無法體驗如此開闊的感受。

再走一會兒則會看見一棟圓柱狀大樓，其外牆彷彿鏡面一般。這是「大津王子飯店」，高度一百三十三公尺，共有三十八層樓，可想而知它就是全滋賀最高的建築，其設計者為建築師丹下健三。二十多年前大津王子飯店剛建造時，曾經引來不少爭議，現已完全融入湖畔景致當中，成為該處地標。我們已來到散步路線的折返點，遠眺「近江大橋」後便可走回濱大津。

搭船遊湖

難得來到琵琶湖，搭船遊湖也是不錯的選擇。夏季第一班船每天早上十點從大津港（地圖K—b）出發，請按照航班出發時間，斟酌散步距離。這艘遊覽船名為「密西根號」，船隻繞行琵琶湖的南湖，共約八十分鐘。湖面吹來的清風相當涼爽，不像海風那樣帶有潮水氣味。船票二七八〇日圓，說貴也貴，說便宜也便宜。畢竟平常很少有機會搭船，搭一次試試也不錯。

海上之旅總是很吸引人。退休後搭乘豪華郵輪周遊世界是許多夫妻的夢想，但總需要大量的時間和金錢才能實現。換句話說，搭船旅遊其實是種相當奢侈的休閒活動。不過搭船遊湖可就容易多了。

「琵琶湖大橋」連接堅田與守山兩地，琵琶湖也因這座

密西根號

大橋被分成了北湖和南湖。而密西根號的航線即是繞行南湖一周。

汽笛聲響起後，船隻便在港口工作人員的目送下出航。雖然身在湖上，心情卻像航向遠洋般雀躍。密西根號是艘充滿十九世紀美國南部風格的外輪船，船尾的輪盤啪嗒啪嗒撥動湖水前進。出航時工作人員會請乘客敲響銅鑼，提高眾人遊湖的興致。於琵琶湖大橋前折返之後，船上便開始演奏鄉村音樂，讓人有種身在美國的感覺。至於大津和芝加哥到底有幾分相似……可就見仁見智了。此外還有夜間航班，可以欣賞湖上的夕陽與夜景。從京都稍微延伸腳步來到琵琶湖感受涼風吹拂，這也是夏季京都之旅的一大樂事。

航程全長不到一個半小時，於十一點二十分回到大津港。此時您可以選擇向琵琶湖道別，直接返回京都；但若時間充裕，不如多逛逛近江再離開。

Dining MOO：近江牛午餐

既然來到近江，就該吃點近江牛──遊客雖然這麼想，但大津附近卻很少有可以輕鬆吃到近江牛的餐廳，令人覺得相當意外。

JR大津站實在太過冷清，一點都不像滋賀縣廳的所在地。這座車站附近不但沒有近江牛，甚至連頓像樣的午餐都吃不到。相較之下，京津線的濱大津站離琵琶湖又近，周邊又有琵琶湖飯店，自然熱鬧了些。近江人凡事講求低調，就連這點也不例外，然而冷清的景點卻可能讓遊客感到無聊。

濱大津和琵琶湖飯店的對面有一間「**Dining MOO**」（地圖K－b㊾），在此可以輕鬆享用近江牛午餐。

近江牛最常見的吃法就是製成牛排，這間店還有陶板燒、鐵板燒兩種選擇。若想省錢可點「手工漢堡排套餐」，或是平日限定的「燉牛肉片丼飯套餐」，這樣就能以便宜的價格嚐到近江牛。

我個人推薦「燉牛肉片丼飯套餐」再加兩個近江牛可樂餅。可樂餅包有近江牛肉，用料實在，保證能讓人吃得心滿意足。

來到近江請務必嚐嚐這近江牛的滋味。

湖舟：蜆釜飯

吃完午餐後可以走訪**石山寺**（地圖K—b）。

從濱大津站搭乘石山坂本線，十多分鐘後就會抵達石山寺站。從車站走到寺院也是十分鐘左右。夏季前往石山寺參拜的遊客並不多，整間寺院呈現一種近江特有的閒適風情。

石山寺前面有間店名叫「**湖舟**」（地圖K—b㊿），這裡的「蜆釜飯」（志じみめし）是廣為人知的石山名產。「湖舟」和剛剛的Dining MOO一樣，都是值得推薦的好店。若您一早就來石山寺，或者不吃牛肉，在此享用午餐也不錯。

蜆釜飯之所以會成為當地名產，是因為石山寺旁的瀨田川出產「瀨田蜆」，而這一帶正是瀨田蜆的主要產地。

全世界都在擔心鯨魚、黑鮪魚面臨絕種危機；然而同樣是瀕危物種，琵琶湖出產的春季美食「本諸子魚」、鮒壽司的食材「似五郎鮒魚」以及上述的「瀨田蜆」卻無人關注。但願這些物種能夠繼續生生不息。

由於產量過於稀少，「湖舟」的蜆釜飯並未使用瀨田蜆，而改以其他地區出產的蜆類代替。但別絕望得太早，隨餐附上的紅味噌湯中還是有琵琶湖產的瀨田蜆。

從殼中夾出小小的蜆肉一口吃下，濃郁的蜆肉精華在嘴裡蔓延開來，沁入脾胃之中，真是小而鮮甜的美味。

石山寺與近江八景

石山寺和《源氏物語》有著不解之緣，源氏千週年時曾吸引大批人潮。此外這裡也是知名的花寺，「無憂園」的池塘裡，一到六月便開滿各式各樣惹人憐愛的花菖蒲。池泉回遊式庭園也值得一看，還能享受爬山之樂。如果不那麼怕熱，可以悠閒地漫步於廣闊的寺內。

望著在豔陽下發亮的瀨田川，穿越「東大門」，不久後就會看見滋賀縣最古老的木造建築「本堂」，以及在源賴朝資助下興建的、日本最古老的「多寶塔」，兩者的外觀都十分優美。

本堂有個房間名為「源氏之間」，裡面有一具穿著十二單[1]的紫式部模型，原以為這樣可以加深思古幽情，然而看過之後卻有種夢醒的感覺，畢竟模型終究是人造的。

這就是京都與滋賀不同之處。第一章也曾提到，京都的強項在於利用遊客的想像力，我們不只會將古物一字排開，更會在小細節中呈現出古都的「味道」，讓人以為自己真的身在平安京之中。

若按京都式的作法，首先應在紙門後方播放紫式部的獨白，再燒點香，讓遊客在煙霧繚繞中各自想像紫式部的模樣。這份想像還會無限擴大，使人得以在石山寺各個角落，找到平安時代的影子。

平安時代，廣闊的琵琶湖對於住在山城的京都人而言，是多麼地迷人啊！在那觀音信仰的全盛時代，古人肯定也曾越過逢坂山，從大津搭船來石山寺散心。從京都來到近江，眺望琵琶湖面並巡遊古蹟。這樣的旅行方式由來已久。

石山寺還有其他可看之處，譬如可以俯瞰瀨田川的「月見亭」。月景對石山寺而言不可或缺。據說紫式部就是在石山寺的月光下，構想出《源氏物語》。真想留到月升之後再離開。「近江八景」的第一景正是這「石山秋月」。

中國北宋時代有所謂的「瀟湘八景」，日本也仿此選出了琵琶湖南部的八大名勝，合稱「近江八景」。第二景「瀨田夕照」就在石山寺旁邊。

瀨田川並非注入琵琶湖，而是唯一從琵琶湖流出的河川。川上的「瀨田唐橋」正是瀨田夕照的舞台，而這座橋也名列日本三名橋、三古橋之一。橋柱上一顆顆圓球形的「擬寶珠」也很漂亮。江戶畫家歌川廣重曾經畫過「瀨田夕照」，畫中風景現在仍看得到。

第三景「粟津晴嵐」，指的是現在大津市晴嵐一丁目一帶的景色。那裡自古即有一片松林，延續到渚公園，彷彿海邊似的。搭完船後也可到那附近走走。

而第四景則是「矢橋歸帆」。矢橋位於現在的大津市與草津市交界，「矢橋歸帆島」已成為一座建設完善的公園。古時可從這裡搭船，抄捷徑前往東海道（現三重縣至茨城縣太平洋沿岸），因此湖岸城鎮相當繁榮。

過去站在此處，可以遠眺對岸的比良群峰，一艘艘帆船滑過湖面，趕在日落前回到矢橋港。現在則可看見許多人駕著風帆隨湖波搖晃。

從第五景起都是湖西的景色，讓我們留到其他季節再去吧。從矢橋沿著湖岸向東北方走會來到烏丸半島，這裡是琵琶湖畔的三角形半島，島上有許多原生蘆葦，還有琵琶湖珍珠養殖場。

近江八景選定時，烏丸半島的風景可能尚不存在，但若現在再選一次，這裡肯定會名列第一。而且這片美得不似在人間的景色，唯有夏日才看得到。

夏日小旅行，下一站將來到琵琶湖面的極樂淨土。

琵琶湖的蓮花與美食

水之森：盛開的蓮花

烏丸半島突出於琵琶湖東岸，這裡有日本少見的蓮花群生地。一般都從「草津」車站轉搭公車至此。

蓮花每天一大早就會綻放，建議趁早抵達「草津市立水生植物公園水之森」（地圖K－a）。若住在「草津波士頓廣場飯店」會更方便，第五章將詳述這間飯店；不過即使從京都出發也不成問題。草津站西口有一班上午八點整發車的公車，這班車於八點二十四分就會抵達「水之森」（みずの森）站，下車後即可前往蓮花群生地。

從公車站穿越水之森正門後，先略過主建築「蓮花館」，直接趕往湖岸的蓮花群生地，因為早晨是蓮花開得最美的時刻。

蓮花從七月一直開到八月，其中又屬七月下旬至八月上旬最為茂盛。布滿湖面的綠葉之間，點綴著淡紅色的花朵，高雅的香氣隨著湖風飄來。如此不似在人間的美景，不是世外桃源，而是「世外蓮源」。

佛像大多以蓮花為底座。此時湖面彷彿有無數位如來佛祖，帶著微笑端坐在蓮花上。蓮從汙泥中挺直莖桿，開出奇蹟般的潔淨花朵。因此佛教便以蓮花象徵佛祖的慈悲心，佛寺裡也常有各種蓮花圖案。

日本有句成語叫「一蓮托生」，原指人們死後前往極樂淨土時，都會轉生在同一朵蓮花上，後來引申為休戚與共之意。蓮花在盂蘭盆節前一口氣綻放，也令人覺得其中有種奇妙的因緣。

近距離欣賞完蓮花後，可以前往半島尖端的草坪。

每年「蓮祭」（ハス祭り）期間可以在此體驗「象鼻杯」之趣。象鼻杯正如其名，是以長長的蓮莖吸飲蓮葉上的酒水，外觀酷似象鼻，這種作法極具雅趣。蓮祭的時間每年都不太一樣，請事先查詢後再行前往。

不過即使沒有象鼻杯，水之森還是有不少樂趣。您可在「蓮見岩」將蓮景盡收眼底，還可在「蓮花館」的溫室中欣賞到大朵的牽牛花與熱帶睡蓮。光是見到這些充滿夏日風情的花朵，就能緩解惱人的暑氣。

蓮花館另一項可看之處，就是溫室中栽植的「佛教三大聖樹」：無憂樹、印度菩提樹、沙羅雙樹。這種「三大某某」有很多是牽強列舉出來的，實際見過之後經常不如預期。然而，「佛教三大聖樹」卻會讓人肅然起敬。

為何是這三種樹？因為釋迦牟尼生於無憂樹下、悟道於印度菩提樹下、圓寂於沙羅雙樹下，換句話說也可算是一種紀念樹。

盛夏的京都人人都在恭迎、恭送祖先。若說這些儀式是夏日舞台的焦點，那麼極樂淨土就是舞台背景，而其中一處重鎮就在此地。不只焦點，背景也很值得一看。這就是為什麼我會推薦各位延伸腳步，前來琵琶湖畔的烏丸半島。

另一處極樂淨土位於京都南方的宇治，該處留待其他季節再作介紹。

琵琶湖的歷史

水之森隔壁的「滋賀縣立琵琶湖博物館」（地圖K—a）也請各位務必走訪。

京都雖然也有一些店家使用井水或礦泉水，但基本上我們幾乎所有的「水」都是琵琶湖疏水道的恩賜。名稱上雖然叫作京都料理、京都漬物，然而決定味道好壞的水，全都源自琵琶湖。這間琵琶湖博物館，正介紹了琵琶湖的歷史。

館內的說明簡單易懂，從兩億五千萬年前的琵琶湖，到湖底遺跡、湖上交通無所不包；此外還有許多吸引人的展覽品，一點也不會讓人感到無聊。其中最精采的莫過於模擬竹生島（琵琶湖北湖小島）周邊水景的大型水槽。穿越那直徑三公尺的玻璃隧道，感覺就像在琵琶湖底散步一樣。每當有琵琶鱒或石鯰游經時，遊客總是歡聲四起。牠們泳姿優美，和海中生物總有些不同。

館內還有其他水族箱，互動型的「觸摸箱」特別有趣。水箱旁邊開有小洞，供人伸手觸摸魚類。不過為什麼水箱開了洞卻不會漏水呢？真是令人費解，同時也覺得觸摸優游的魚類有種新鮮感。

室外還有太古森林、生態觀察池、稻田與菜田等展區。日本的田園風光總教人懷念。可能是因為鄉間夏日令人聯想到暑假，勾起了童年回憶吧。陽光雖強，但四周都有樹蔭，湖上吹來的清風也很涼爽，可以在此悠閒散步。

鳰之海：鱸魚天丼

一大早就出門參觀、散步，肚子差不多也餓了。琵琶湖博物館裡有間特別的餐廳名叫「鳰之海」[2]（地圖K—a㊽），內部天花板挑高，大面玻璃窗也高得直通天花板，充滿開闊之感。這間餐廳提供了一些其他地方絕對無法吃到的餐點。

剛才的展覽告訴我們，琵琶湖特有種正面臨絕種的危機。例如京都料理中的珍貴食材「本諸子魚」；另外還有鮒壽司的食材「似五郎鮒魚」，鮒壽司據說是日本壽司的原型——這兩種魚都在年年減少。而牠們的天敵就是外來魚種：釣客放生在湖裡的藍鰓太

鱸魚天丼

陽魚和黑鱸魚。

優美的日本湖魚碰上兇猛的外來種，一點勝算都沒有，這樣下去，琵琶湖的生態系總有一天會被破壞殆盡。一時興起的釣魚活動，卻害得近江與京都的飲食文化遭受破壞。為避免這種情形，琵琶湖現已禁止放生外來魚種。然而外來魚種繁殖力太過旺盛，不減反增。官方雖有舉辦「外來魚除釣大會」等活動，仍然無法遏止此況。因此這間餐廳的目標，就是要將這些外來魚種「全部吃光」。

將鱸魚做成日本料理可說是世間罕見。我抱著姑且一試的心情點了「鱸魚天丼」，一份八百八十日圓。外觀看起來有點像炸腰內肉，嚐起來卻像一般的白身魚天婦羅。這種鱸魚近似日本原產的花鱸，味道相當清淡，雖帶有些許河魚的香氣卻沒有土臭味，不說還以為是海鮮呢。吃鱸魚本意是為了保護本諸子魚，沒想到竟會這麼合口味。

如果不敢一次吃那麼多鱸魚，「近江御膳」也有鱸魚天婦羅。方形的松花堂便當盒內裝著鴨胸肉、鰕虎魚、炸腰內肉等。要是連這都不敢吃，還有「近江牛可樂餅漢堡套餐」，雖然奇特但也很誘人。在京都絕對嚐不到這麼道地的近江料理，為此前來也很值得。

姥餅屋本店：姥餅

近江是美食天堂，尤以湖東為最佳，接下來將介紹幾種唯有草津才吃得到的夏日美食。

說到草津美食，每個關西人都會想到「姥餅屋本店」（うばがもちや本店，地圖K－b㊿）的「姥餅」。

話說戰國時代，身為近江源氏的佐佐木一族敗給織田信長後，整個家族分崩離析。當時佐佐木（六角）義賢的曾孫年僅三歲，義賢臨終時沒有其他可以信任的人，只好將曾孫託付給其乳母，隨後便離開人世。

乳母遵守約定帶著幼兒回到故鄉草津，平日賣點心為生，過著簡樸的生活。街坊鄰居知道這件事後感佩乳母的忠心，便將這種點心稱作「姥餅」[3]。

姥餅以麻糬皮和豆沙餡捏成圓形，象徵乳母的乳房，造型可愛，味道樸實。一個姥餅小得塞不滿一口，但這樣正好符合現代人的需求。唯有和菓子，而非西點，才能代表草津這個旅宿勝地。

姥餅

近江強棒麵與鴨跖草

最近和西點一樣受歡迎的食物就是小吃，例如麵類或丼飯。這種可以一碗解決的在地美食，很適合獨自享用。日本各地的特色小吃在餐飲界相互競爭，「近江強棒麵」也名列其中。草津車站東口前面就有一間。

說到「強棒麵」，每個人都會想到「長崎強棒麵」。兩者乍看之下沒有太大差別，吃過之後就會發現完全是不同的食物。

近江強棒麵用的是日式高湯，清爽的麵湯配上份量十足的蔬菜，非常健康。麵湯喝起來既非鹽口味，也不像醬油口味。比較像口味較重的日式清湯，或是中式的烏龍麵湯，真的會讓人喝到上癮。而且這種麵也很適合在宿醉的早晨享用。

「近江強棒麵」與炒飯的套餐

「強棒亭總本家」（ちゃんぽん亭総本家，地圖K—b52）源自滋賀縣彥根市，並在滋賀縣各地設有分店，每間店都吸引大批人潮前往。

這間店的特殊吃法，就是在強棒麵吃到一半時將白醋加入麵中。如此一來味道會更加順口，使人食慾大開。我有次突然想到，其實還可以再加一點辣油。店家只提供兩種吃法，但加了辣油之後，就能一次享受三種滋味。就像名古屋的美食「鰻櫃」一樣。

強棒麵口味繁多，例如勾芡湯麵、特辣、味噌等。我最喜歡「咖哩強棒麵」，適度的辣味和香氣令人一口接一口，轉眼間就吃完一整碗麵。

副食的炒飯和炸雞也毫不遜色。最划算的是半份炒飯加半份強棒麵的套餐，只要八百八十日圓。我相信不久之後人人都會認定強棒麵是近江名產。

草津還有另一項非提不可的名產：鴨跖草（あおばな）。

鴨跖草在此已經有很長一段歷史。早在《萬葉集》的時代，鴨跖草就被人從遙遠的大陸經過琵琶湖帶到大津京，並且從此落地生根。其花呈現鮮豔的鈷藍色，是染布時的重要原料。藍色、紫色在平安京是貴族的象徵，因此京都人爭相想要得到鴨跖草，並以「露草」、「青花」、「月草」等名歌詠鴨跖草。

時至江戶前期，京都的扇繪師宮崎友禪齋帶動了友禪染的風潮，由於鴨跖草是很好的染料，繪師便以鴨跖草製的「青花紙」在布料上打底。鴨跖草的色素易溶於水，顏色又鮮豔，因此一躍成為草津的一大名產。

鴨跖草的栽植，約於明治後期至昭和初期達到頂峰，隨著時代潮流逐漸衰微，甚至一度面臨滅絕。今日鴨跖草之所以再度受到矚目，是因為其中富含有益健康的成分。日本藥事法規定不能宣傳療效，但據說它確實能抑制血糖上升、抵抗病毒，而且對瘦身也很有幫助。

寶特瓶裝的「鴨跖草焙茶」

草津當地售有瓶裝鴨跖草茶，請務必一嚐。這種茶順口且好喝，不像一般的藥草茶那樣苦澀，也沒有異味。由鴨跖草的例子可以知道，日本還有許多未知的事物等待我們發掘。

追尋三星香魚

租車前往鯖街道

離開琵琶湖南岸後，讓我們踏上追尋☆☆☆香魚的旅程吧。

想要享用三星香魚就必須稍微離開京都，不，不只是「稍微」而已，這已稱得上是一趟遠行。不過若將其視為夏日小旅行，便會有不同的樂趣產生。

從洛中出發經過洛北後，便會來到鯖街道。古人常將若狹灣捕獲的魚類，主要是鯖魚，透過鯖街道運送至京都。

鯖街道起點若狹小濱的石碑上，寫著「京都再遠不過十八里」，相當於七十公里左右。若以時速四公里行走，想當然耳，要花上一整天才能走完。途中有幾處可供留宿一晚的休息區，京都、若狹、近江之間的葛川也是其中之一。葛川正好位於鯖街道中點，所以距離洛中有九里遠，亦即三十六公里。我們所尋找的香魚名店，即位於葛川。

離開洛中三十六公里確實是趟小旅行。來到京都，又從京都出遊，這是件多麼令人雀躍的事啊。

前往葛川主要有兩種交通方式：一是搭乘客運。鯖街道的終點出町柳，一天有兩班「京都巴士」可以抵達我們的目的地（唯有每年三月中至十二月中的週六日，以及盂蘭盆節期才會行駛）。搭乘前往「朽木學校前」方向的客運，大約一個小時，就會抵達一個名叫「坊村」的車站。車站前方就是**「比良山莊」**（地圖K㊿）。京都人自不用說，就連大阪、神戶等地喜愛香魚的人，一到香魚季節就會再三造訪這間店。

一天兩班客運主要是配合登山客的行程，第一班出發得很早，七點四十五分從出町柳出發後，八點四十一分就會抵達坊村，這時間吃香魚未免太早；第二班十四點五十五分發車又太晚。畢竟，這並不是為了香魚饕客設計的時刻表。豁出去搭計程車，單趟就要數千日圓，來回更超過一萬日圓。

這時還有第二個選項：租車。租借小型車款，十二小時僅需數千日圓，亦即只要單趟的計程車費就能租到。租車另一項好處就是除了造訪該店之外，還可到附近其他地方遊覽。

一大早租車可以一直使用到晚上。沿著鯖街道開往若狹小濱觀光後，中午再回到「比良山莊」用餐，餐後還可在店家附近散步。

明王院（地圖K）就在附近，這座寺院與比叡山阿闍梨的修行「千日回峰行」[4]有著很深的淵源。

明王院夏季有項活動名為「夏安居」，夏日的安居，所謂安居是指修行僧的團體修行，艱苦修行中的阿闍梨，會來到葛川的明王院閉關。夏安居期間為七月十六日至二十日共五日，依照自古以來的規定，百日回峰行、千日回峰行的行者，會在此時進行瀑布修行與斷食修行。百日回峰行的行者若未參加葛川的夏安居，就不算是修行圓滿。

七月十八日深夜，有項精采的儀式稱為「轉太鼓」（太鼓回し）。相傳明王院的創立者相應和尚，曾經躍進瀑布底下的深潭，轉太鼓的儀式正源自這則傳說。轉動的大太鼓象徵瀑底深潭，行者接連跳上太鼓，再縱身躍下。觀者不但會敬佩參與者的勇猛，同時也會覺得很有趣。

祇園祭時，洛中充滿熱鬧的祇園囃子，想不到遙遠的葛川也有這樣的活動。此處在行政區劃上雖屬滋賀縣，但空氣中總有種京都的味道。

比良山莊：三星的香魚

「比良山莊」其實不是餐廳，而是一間旅館。

若想見識明王院的轉太鼓，建議您可在此留宿。盡情享用香魚之後，再前往明王院，該項儀式於晚間十點開始。看著看著，便會覺得自己被帶進一個迷人的幽冥世界，彷彿就連山中精怪都冒了出來。參觀完祇園祭的山鉾巡行後，再沿著鯖街道來到此處，才是真正的京都達人。

話題回到比良山莊的香魚。沒嚐過還真不知道世上竟有這麼美味的鹽烤香魚，每次享用時都讓人深深感動。無論大小或是燒烤方式，都好到無可挑剔，可說是最棒的美食。為此跑一趟絕對值得。

來此可以享用夏季至秋季限定的「大啖香魚套餐」（鮎食べコース），這個名稱也相當簡單明瞭。第一道「八寸」包含香魚熟壽司、甘子魚、河產蝦虎魚等山間美味，接著是較為常見的冰鎮鯉魚生魚片，然後就是主菜：擺放在竹葉上的鹽烤小香魚。這道菜非用手抓不可，從魚頭大口咬下，烤得恰到好處的香魚就連魚頭、魚骨都香酥可食。一瞬間鮮魚香氣撲鼻而來，魚內臟的苦味染上舌尖。不一會兒就吃完兩、三隻香魚，吃著吃著自然笑逐顏開。

這是何其幸福的事！但同時又有些不幸，因為嚐過這般滋味後，就不會想吃其他店家的香魚了。比良山莊料理美味，而且店內充滿山間的新鮮空氣，器皿和擺設也很雅致，最棒的是綠意盎然的宜人景色。

這種環境最適合享用夏日美食香魚。吃完最後一道香魚飯後，趕緊預約明年再來，不不，今年秋初香魚季節尾聲時再來吃一次吧——每次來到比良山莊時，我總是想著這些事。這就是京都之旅的額外樂趣。

1 源自平安時代，為貴族女性裝束中最正式的一種，正式名稱為「五衣唐衣裳」。

2 にほのうみ，琵琶湖別稱。

3 日語的「乳母」與「姥」同音，皆為「うば」（uba）。

4 天台宗比叡山的一種修行，歷時七年共一千日徒步於比叡山各峰參拜，總距離相當於環繞地球一周（約四萬公里）。另有歷時較短的百日回峰行。始祖為平安時代的相應和尚，其亦為明王院的創立者。

第五章
夏季旅宿

如今的旅宿注重「女性」和「單人」

不只京都之旅，凡是旅行只要決定了目的地，下一步就是決定住宿地點。要住飯店還是日式旅館？兩者各有優缺點，應該根據旅行目的、旅伴人數來決定。

近來旅宿不斷進化，而且也變得更加多元。背後最大的原因就是女性開始進入社會，社會各界也開始從「開放給女性」轉變為「專為女性打造」，其中最早注意到並回應女性需求的就是旅宿業者。

日式旅館比飯店更早行動，紛紛推出女性住宿方案。以前某些旅館的女性浴場明顯比男性浴場小得多，現在已有不少業者將兩者調換過來，甚至出現了女性專用的旅館。可見日式旅館現在最主要的客群就是女性。

旅宿中反應比較慢的是商務飯店。商務飯店以前的客人都是歐吉桑，現在有越來越多職業婦女會到外地出差，因此業者也必須回應這些女性的需求。

歐吉桑與其說很會忍耐，不如說很遲鈍。有些人因為自己喜歡抽菸，房裡充滿菸味就不以為意；洗髮精也只要「有就好」；整天為了工作東奔西跑，下班後還去參加慶功宴喝得爛醉回到房間，因此對床的要求也是能睡就好。業者面對這種不拘小節的客人，儘管提供的是便宜又狹小的房間，也能繼續生存下去。

然而女性的眼睛是雪亮的。她們充分運用五感，一眼看穿飯店的好壞，並藉由口耳相傳或部落格與朋友分享資訊。好的飯店賓客雲集，壞的飯店門可羅雀。而那好壞的決定權正掌握在女性手中，這就是飯店業的現況。

有些飯店雖然想營造出女性喜愛的環境，卻誤解了女性的需求，例如將壁紙更換成粉紅色，或是將基本的飯店用品備齊後送給女性顧客。不過女性並沒有那麼容易受騙。這些行為就好比過去某間日式旅館，自以為貼心地準備了各種圖案的浴衣供女性顧客從中挑選。像這樣從刻板印象來推測女性需求，註定要失敗。

女性選擇旅宿時主要會考慮三點：一是安全與否，二是清潔程度，三是設備多寡。女性若在狹窄的電梯裡遭到可疑男子投以異樣眼光，或是發現浴簾帶有霉味，肯定會對這間飯店抱有負面評價。

重視女性顧客的旅宿，還有另一項特徵，就是對單人顧客也很友善。因為往後左右旅宿成敗的就是「女性」和「單人」顧客。有些旅宿反其道而行，主打「男性」和「團體」客群，結果每間都經營得不太順利，由此也可看出端倪。

換句話說，旅宿唯有讓單人女性顧客住得安心、舒適，才能繼續生存下去。我根據上述觀點，挑選了幾間適合夏天入住的旅宿，接下來就為各位介紹。

住在近江也很方便

我在《一個人的京都樂遊》中建議讀者挑選旅宿時，不必侷限在京都市內，後來引起廣大迴響，據說大阪、滋賀的飯店越來越受歡迎，甚至還有業者直接推出「白天去京都，晚上住〇〇」的住宿方案。

京都在旺季時旅宿不足的問題特別嚴重。大阪、滋賀等鄰近府縣的旅宿通常都有空房，而且又比京都市內便宜許多。先不論淡季，單就旺季而言實在不必堅持住在京都，住在他處也能盡情享受京都之旅。那麼夏季是旺季還是淡季呢？

春秋兩季從頭到尾都是旺季。夏季則必須分開來看，有些特定的日子屬於旺季，其餘則屬淡季。

比方說七月，十四日至十七日左右是祇園祭的重頭戲，也是這個月的旺季。這幾天要是再碰上週末，可就真的是人山人海了。

以二〇一五年為例，十六日宵山時是週四，十七日山鉾巡行時是週五，想當然耳，從十五日週三起，包含週六日一直到二十日的海之日[1]，是京都旅宿業者最為繁忙的時期。這段期間京都市內的飯店幾乎沒有空房，即使訂到房間，價格也可能是平時的二至三倍。旅客也沒什麼好抱怨的，畢竟唯有這樣的價格才能讓供需達到平衡。

若您今年夏天想來京都參觀祇園祭，我強烈建議您在大阪或滋賀的飯店留宿。您或許會認為難得來京都，就該住在當地；但是晚間住在大阪或滋賀，白天前往京都觀光，也別有一番樂趣，而且也可以從不同角度來觀察京都。若想在不同時期再三造訪京都，這也是最不費心的住宿方式。

草津波士頓廣場飯店：講究服務的細節

近年來我撰寫推理小說時常住在「草津波士頓廣場飯店」（地圖K—b），並在飯店內閉關。知道這裡有多好的人，真是少之又少。各位前來京都旅遊時，請務必記得這間飯店。

它位於滋賀縣草津市。說到草津，關東人大多都會想到群馬縣的草津溫泉。但我指的則是近江草津，其過去位於東海道與中山道交會之處，可謂重要的旅宿勝地。也就是說，在草津留宿是一項長久以來的傳統，而非近幾年才有的事。

不過草津曾被遺忘過一段時間，直到近年成為京阪神的衛星都市，才突然備受矚目，人口也急遽增加。我之所以推薦各位留宿此地，也是基於這個原因。

人口增加當然會使都市更加繁榮，商店和交通方式也會隨之增加，換句話說生活也會越來越便利。想要留宿京都以外的地區時，最低但也是最重要的條件就是「便利程度」。

從京都車站搭乘ＪＲ東海道線（琵琶湖縣）的新快速列車，僅僅二十分鐘就能抵達草津車站，若搭乘各站停靠的普通列車也只要二十五分鐘。而且兩種都是每隔幾分鐘就

「草津波士頓廣場飯店」的客房

有車，對我這種不喜歡等待的人來說再適合不過。

草津車站有東、西兩個出口。站在車站大廳一看，無論東口或西口都有京都所沒有的高聳建築，看來草津比想像中更有都市氣息。

「草津波士頓廣場飯店」就在草津車站西口，下了電車就會看見這棟建築。從剪票口所在的二樓，搭乘西口南側的電扶梯下樓後，沿著車站前的人行道走到飯店只要二十秒。整條路幾乎都有屋頂遮蔽，下雨時若非暴雨，不用撐傘也能順利抵達飯店入住。

到此您可能只是一眼讀過，並不覺得稀奇，但這裡的交通便利程度實在值得大書特書，勝過許多京都的飯店。

從JR京都站搭乘大眾運輸，在二十分鐘內，而且是不撐傘的情況下入住飯店其實不是件容易的事。就連京都市內也很少有這樣的飯店。

例如京都極受歡迎的B飯店，若想在此入住，得先搭乘地下鐵烏丸線至「烏丸御池」站，搭車時間六分鐘；接著步行上樓回到地面，換乘飯店的接駁車再花七分鐘才會抵達目的地。包含換車時間在內少說就要二十分鐘，而且接駁車二十分鐘才來一班。

另一個例子是老字號飯店W。這間飯店也有接駁車，每隔三十分鐘從京都車站發車。若搭地下鐵前往，則須由烏丸線轉乘東西線，光是乘車時間就要十三分鐘，再加上換車和走到飯店的時間，應該很難在二十分鐘內抵達。

為維護都市景觀，京都的大眾運輸和其他都市相比，並沒有那麼發達，現在仍以公車與兩條地下鐵為主。京都是路面電車的發祥地。建置LRT（輕軌電車）在內的交通網絡可說是當務之急，然而不知為何，無論官方或民間都未感受到其急迫性。再這樣下去，本想留宿京都的旅客，就會被其他交通便利的都市搶走。公車最大的敵人就是塞車，京都的公車不只在觀光季節，就連在平時也很少按照時刻表行駛。

——日日思車不見車[2]——在京都，不是宵待草，而是人待公車。

話題回到草津。

京都名勝嵯峨嵐山，一年四季人潮不絕，若想從草津前往嵐山，該採何種交通方式呢？非常簡單，只要搭乘JR就能輕鬆抵達。接下來就讓我們實際驗證看看吧。

若於上午九點五分搭乘新快速列車從草津站出發，九點二十七分就會抵達京都站；

接著轉乘九點三十八分的山陰線（嵯峨野線）列車，便會於九點五十三分抵達目的地「嵯峨嵐山」站，過程中只要換一次車。最重要的是不必擔心塞車，可以按照自己規劃好的時間行動。

讓我們用剛才說的B飯店來比較一下。出發時間幾乎一致，九點十分搭乘飯店接駁車，九點十七分抵達烏丸御池站；接下來轉乘地下鐵東西線，最快的列車九點十九分發車，抵達二条站的時間是九點二十三分；之後再轉乘九點四十四分的山陰線列車，這班就是前述從京都出發的列車。因此，無論從草津或從京都市內的B飯店出發，都會在同一時間抵達嵯峨嵐山站。草津距離較遠卻能與之同時抵達，正是因為交通便利的緣故。

我會推薦這間飯店，當然不只是因為它鄰近車站、交通便利。這間飯店本身的住宿環境、待客方式也極為出色。

從車站徒步不到一分鐘，就會來到這棟磚造建築。飯店一樓是餐廳，不分早中晚總是高朋滿座。搭乘手扶梯至二樓，旁邊就是飯店櫃檯，還有自動演奏的鋼琴在迎接賓客。

填完住宿登記卡後，櫃檯人員便會遞出熱毛巾。這真是不錯的作法，典型的日式待客方式使人倍感親切。接著搭乘電梯來到七樓，我這次住的是七一六號房，房型是豪華單人房。

整間房共二十平方公尺，床鋪是一百六十公分寬的雙人床，牆上的液晶電視三十二吋。窗戶很大，房間採光很好。我最喜歡的就是房內的超長型書桌，真是完美的工作環境，住起來也很舒適。

靜音冰箱裡放有瓶裝的草津名產「鴨跖草茶」，另外還有即溶咖啡和茶包。浴室裡連入浴劑和沐浴海綿都有，衛浴用品相當齊全。

前一章也介紹過，鴨跖草具有抑制血糖上升與瘦身的效果，能在房內免費喝到鴨跖草焙茶真教人開心，這才是飯店應有的待客之道。

若在飯店網站上預約，這種房型的價格約為七千五百至九千日圓，可說是相當合理。順帶一提，十六平方公尺的單人房則為六千五百至八千二百日圓。與京都市內相同水準的飯店相比，這裡便宜許多。而且飯店一樓還有二十四小時營業的便利商店，生活機能很好。

他們也很講究細節，房內利用竹炭消臭、可以播放療癒音樂、備有席夢思名床和符合人體工學的3D羽絨被，讓人過得舒適、睡得香甜。這麼好的飯店當然可以放心推薦給任何人，無論女性、單身旅客、情侶或夫妻都可入住。若您正在計畫夏季的京都之旅，請趁早預約房間。

琵琶湖飯店：享受天然溫泉

說到「琵琶湖飯店」（地圖K—b）的特色，當然就是天然溫泉。能夠望見湖景的大浴場位於飯店四樓，名叫「琉璃之湯」，外頭還有個小小的露天浴池，可在湖面吹來的涼風之下享受溫泉。住在五樓以上的客房，就可以直接穿著浴衣和拖鞋前往浴場。

這間飯店鄰近濱大津站，可從京都市內搭乘地下鐵東西線前往。飯店內設有許多不同的餐廳，還可在夏季限定的頂樓餐廳用餐。坐在露天座位，在涼風拂面下吃著燒烤，享受度假勝地的悠閒時光。來此不但可以感受到和京都不同的氛圍，飯店內還有能夠眺望琵琶湖的露天游泳池，適合夏天消暑，更適合帶著孩子到泳池玩。游泳池彷彿和琵琶湖融為一體，漂浮在水面，連心情也輕鬆起來。客房相當寬敞，而且每間都能俯瞰湖景和進出港口的船隻。結束遊湖行程之後下榻此處，再適合也不過。

大津京都 Tetora 飯店：交通最便利

就便利程度而言，「大津京都 Tetora 飯店」（ホテルテトラ大津・京都，地圖K—b）可說是滋賀第一。JR大津站的南口，直接連通這間飯店，搭乘電梯不到一分鐘就能入住。若是六月平日來此，十六平方公尺的單人房，價格不到六千日圓，相當吸引人。從京都站搭車來到大津站只要九分鐘，這樣的距離簡直就像在京都市內。

皇家橡樹花園水療飯店／大津王子飯店

「皇家橡樹花園水療飯店」（地圖K－b）的定位較像度假飯店。他們沒有單人房，若您獨自前來，必須選用雙床房的單人方案，價格當然比商務飯店要貴一些，畢竟這間飯店以情侶和夫妻為主要客群。不過他們的房價和旺季的京都相比，仍然合理許多。若將鄰近琵琶湖這項額外福利納入考量，這絕對是您夏季前來京都旅遊時的最佳選擇。

這間飯店和琵琶湖飯店一樣，設有露天餐廳，可以在湖風吹拂下享用燒烤。他們的房間最小也有四十五平方公尺，房內備品充足。另外，飯店內還有七處餐廳與酒吧。留宿在此時，不但可以前往京都觀光，更可暢遊琵琶湖。

其他度假飯店中，我也很推薦「大津王子飯店」（地圖K－b）。

留宿近江，暢遊京都。請您搭配第四章介紹的琵琶湖之旅，享受新型態的夏季京都之旅。

山村日式旅館

美山莊：靜謐的螢火之美

京都看似狹小，實則廣闊。從高雅的洛中向北而行，即使搭了一個小時的車，仍然在京都市左京區的範圍之內。

從京都車站出發，首先前往上賀茂神社。京都三大祭典之一的葵祭舉行時，祭典隊伍便是以此處為終點。這裡已經離洛中有段距離，然而我們這次要入住的旅館依舊遠在天邊。越過鞍馬山，此處是牛若丸同天狗修行之地。接著再經過蜿蜒曲折的山路後，終於來到「花背」地區。稱不上高雅的樸素山村中，零星分布著一些茅草屋頂的民宅。每位初次前來的旅客，都會懷疑「這種鄉下地方真的有知名旅館嗎」。

越過樸素的山村，不久就會看到指向「峰定寺」的路標。峰定寺創建於平安末期，是知名的修驗道[3]靈場。即將入住的「美山莊」（地圖K）則建於明治中期，最初專門提供前往峰定寺參拜的旅客入住，直到第三任，也是前任老闆接手經營時，才搖身一變成為知名旅館。他開發出「摘草料理」，以精湛手藝烹調樸實的山村菜餚，使美山莊成為日本知名的旅館。

涼風從綠意盎然的古寺輕輕吹來，讓人充分感受到深山生活的美好。

如果平安時代的貴族隱居在此，肯定也過著這樣的生活吧——美山莊的裝潢擺設就是這麼雅致。無論是有著厚重大門的主屋，還是輕鬆而帶有數寄屋（茶室）風格的別館，都插滿了野花，屋內的各種家具也都營造出風雅的韻味，令人聯想到「野遊」一詞。這裡不只是樸素的山村，更融入了京都的文化，創造出不同於「雅致」的「輕快感」，而他們的料理也是如此。

山村比洛中更加四季分明，美山莊的料理更將細微的四季推移，精緻地呈現在食器上。

春天，山村經過漫長寒冬，人們對於些微的春日兆頭倍加重視，並直接表現這股喜悅。例如馬蘭菜嫩葉和蜂斗菜花苞，這些從冬日甦醒而帶有苦味的食材，春天時也會被端上餐桌。

夏天時，美山莊則選用香魚、甘子魚和紅點鮭魚，藉由這些優游於清流中的河魚，來謳歌短暫而美好的山村夏日。

現在物流較過去方便許多，因此美山莊的菜色裡，也有海鰻、馬頭魚等京都常見的海產，但仍保留著山村的樸實滋味，避免使用太過華美的擺盤方式。

潔淨的浴室裡雖無溫泉，卻有寺谷川的清水，而寺谷川就位在美山莊旁邊，客人因而得以邊泡澡邊俯瞰清流。在這樣靜謐的旅館裡住上一晚，身心都能得到洗滌。

洛中的暑氣並未蔓延到花背地區。

若運氣夠好，碰上短暫的螢火蟲季，還能一遊幽暗而神祕的世界。

晚上八點，吃完晚餐並度過一段愜意的時光後，旅館人員便會請留宿在此的客人到門口集合。搭乘小型巴士約十分鐘，就會來到山中一棵略高的樹木前面。附近沒有民宅，一片漆黑之中只能憑藉月光視物。

雙眼習慣黑暗後仰望那棵樹，任誰都會倒抽一口氣。螢火不停閃爍，而且為數甚多。每當所有螢火蟲一同發光時，周圍便亮了起來，說得誇張點，還能在螢火下讀書呢。

印象中我入住時約為七月初，那幽暗神祕的世界美得不似在人間。若您也想欣賞螢火，請務必於住宿之前詢問館方。

片泊型旅館與溫泉旅館

「片泊」（片泊まり）型旅館有一陣子非常受歡迎，但我這個人就愛和人唱反調，不常在拙著中提及這種旅館。不過老實說，若想體驗京都特有的住宿文化，片泊型旅館也是不錯的選擇。日語中的「片」指的是「二者之一」，亦即，一般旅館雖會提供晚餐與早餐，但片泊型旅館卻只提供其中一餐，也就是早餐。但若客人需要，館方也會幫忙向外訂購晚餐，這也是京都旅館的特色之一。

冬天時縫隙吹來的寒風冷得徹骨，夏天卻會覺得相當涼爽。白天四處遊玩，晚間在中意的餐廳用過餐後，回到旅館就能直接鑽進舒適的被窩，隔天早晨再享用美味的旅館早餐——這就是片泊型旅館。

留宿京都時，最煩惱的莫過於「該住飯店還是旅館」。這時左右旅客選擇的重要因素，就是「在哪裡用餐」。

若您特別想去某間餐廳用晚餐，住在飯店會比較好。畢竟一般的日式旅館，都是按照住宿一晚附加晚、早餐的方案來計費，客人自然會在旅館內用晚餐。

不過，本書介紹的日式旅館晚餐，比某些標榜「京都料理」的餐廳，品質要好上許多。日式旅館最誘人的就是早餐。早晨泡完澡後，穿著浴衣坐在和室裡，眺望庭園景致，享用奢華的早餐，下榻旅館時最大的樂趣莫過於此。片泊型旅館結合飯店與日式旅館的優點，晚間可在外用餐，早晨享用旅館的餐點。

據說這種住宿型態，最初專為飲酒作樂的富豪所設。他們有時在祇園一帶的花街玩到太晚，懶得回家，便直接留宿在旅館，並請館方僅提供早餐即可。換句話說，住在片泊型旅館也可一窺富豪的享樂之道。正因為有這樣的背景，片泊型旅館大多設在花街之中，或者鄰近花街。

三福：俯瞰鴨川的古老町家

我最推薦的片泊型旅館，就是先斗町通中央的「三福」（地圖B）。

京都有五處花街：祇園甲部、祇園東、宮川町、上七軒，還有先斗町。每處都有不同的氛圍，先斗町裡有許多沿著鴨川而建的茶屋和餐廳，相較之下，更有開放感，也更容易親近。

三福位於汽車無法通行的狹窄巷弄內，從三条通往南走，經過先斗町歌舞練場後就會看到，其為屋齡超過九十年的古老町家。我推薦的是二樓可以俯瞰鴨川的八疊房間（八疊約為四坪）。京都的町家狹窄而深長，俗稱「鰻魚窩」（鰻の寝床），這間旅館也一樣，進屋前完全看不出它後面就是鴨川。

「沒想到竟能望見這般景色！」第一次入住三

三福

福的客人，俯瞰鴨川時肯定會發出這樣的驚嘆。這間旅館位於三条附近的先斗町，只有三間客房，若想入住景色優美的二樓房間，請趁早預約。

先斗町歌舞練場附近的石板路充滿雅趣，路旁有著櫛比鱗次的店家，時而可以見到舞伎往來其中，令人歡欣雀躍。住在這樣的地方多麼奢侈啊！而且包含早餐在內的住宿費，只要一萬四千日圓起，相當划算。京都雖有許多旅館，但窗戶面向鴨川者並不多。三福待客時態度拿捏得宜，不遠不近。擺設也很高雅。更重要的是，這裡還有味道出眾的早餐。在此入住一晚，肯定會為您的夏季京都之旅增色不少。

三福的門限是晚間十一點，早早回到飯店，經過一夜好眠後，享用美味的早餐。湯豆腐、煮物、烤魚和熱騰騰的白飯，每種都美味到令人想要特地為此前來。

其中庵與田舍亭

片泊型旅館的一大特徵在於位置。前述的三福位於花街先斗町，「其中庵」（地圖

A—a）則位於祇園圓山公園深處的山中。

祇園花見小路、祇園石階下、八坂神社、圓山公園——四条通越往東走，人潮越稀少。經過龍馬像後，會來到一個交叉口，南側有「圓山音樂堂」。過了交叉口繼續往東走，此處更加人跡罕至。於右側見到「大谷祖廟」後，再走幾步就會來到盡頭，前方是「長樂寺」，建禮門院即在此出家。此時道路會向左彎曲。

其中庵

沿著這條左彎道路，繼續往山上走，經過料亭「左阿彌」後，很快就會抵達「其中庵」。這裡就像隱於都市的山間小屋，四周悄然無聲，一點也聽不見祇園的喧囂，時而傳來的熊蟬鳴叫迴盪在森林之中，打破原有的靜謐。

這座旅館佇立於東山山麓，裡面有三間客房：「紅葉」、「櫻」、「龜甲」。無論住在哪一間，都能充分享受草庵風情。

夏日早晨，餐廳裡供應的是京都的夏季蔬菜。

芡汁煮冬瓜、乾扁萬願寺辣椒、滙煮山科茄子與南瓜等菜色，使早餐多彩而豐富，再配上若狹鰈魚和熱騰騰的白飯，如此美味的早餐，只有在這間片泊型旅館才吃得到。

「其中庵」的房價含早餐在內，一人約為一萬日圓，這樣也稱得上划算了吧。

我推薦的另一間片泊型旅館名為「田舍亭」（地圖B），其座落於祇園下河原一帶，而且位在寧靜的石塀小路上。田舍亭帶有典型京都旅館的氛圍，就連電視節目也經常來此取景。這裡的早餐也很美味。旅館一樓有面向坪庭的小房間，二樓則有可以俯瞰巷弄的大房間，別館則有四疊半的茶室，每間都充滿雅趣。

田舍亭

以上介紹了三間適合夏季入住的片泊型旅館，每間的女將都有著鮮明的性格。她們親切地招待旅客，令人體會到京都之所以為京都的原因。這些旅館尤其適合單獨旅行的客人。

京都還有其他片泊型旅館，如祇園的「紫」、深受黑澤明喜愛的「石原」。我未曾住過這些旅館，不清楚詳細狀況，但我身邊有些人入住後給予極高評價，所以我也先將其加入推薦名單之中。

京都站前 Dormy Inn PREMIUM

從JR京都站徒步不到五分鐘，就能來到交通便利的「**京都站前 Dormy Inn PREMIUM**」（地圖G）。這是 Dormy Inn 連鎖飯店於二〇一〇年四月新開的分店。

我住的四一九號房面向鹽小路通，這條路不怎麼寬，很容易和對面的建築四目相對。但若選擇飯店時，以鄰近車站為優先考量，其他條件也只好別

京都站前 Dormy Inn PREMIUM

太計較。這間房最明顯的特徵在於沒有浴缸。一進房就會看到洗手台，旁邊的門裡面則有廁所和淋浴間。房內衛浴空間之所以如此狹小，是因為飯店頂樓有座溫泉大浴場。換句話說，若想悠閒泡澡可以去頂樓；若想快速整理儀容則可在房內沖澡。最近越來越多商務飯店採用這種模式。

辦完入住手續後就去泡了溫泉。

搶先使用浴池確實是件樂事，但更重要的是，他們浴池設計得很好，不會太大或太小，讓人得以充分放鬆身心。先進入露天浴池浸泡一會兒，泉質令人驚訝，浸泡時有種黏滑感，洗淨之後肌膚卻乾爽而滑順。抬頭一看，京都車站就在眼前。這樣的溫泉竟然就位在車站旁

客房

露天浴池

邊，不知到底鑽了多深才挖到，真是不可思議。

近年來京都各地，如洛北大原、洛西嵐山，為了開發觀光資源而致力於挖掘溫泉，但據說結果都不盡理想。這是當然的，畢竟京都和溫泉本來就不太合。不過泡過這間飯店的溫泉後，我也不得不改觀了。Dormy Inn PREMIUM 的溫泉就是這麼棒。

因為飯店本身較新，加上少有旅客於下午入住，我三點多進入浴場後，將近一個小時都只有我一個人。我在幾個浴池間來回走動，還做了三溫暖，充分享受到京都溫泉的美好。

泡完溫泉，回到房間稍作休息後，即可出門前往您規劃好要去的餐廳。京都車站既能通往祇園、四条、先斗町，連到西陣也很方便。飽餐一頓後回到車站前的飯店，這時附近店家又會再度挑起您的食慾。第三章介紹的「高橋拉麵」就位在鹽小路河原町附近，這兩家店可謂京都拉麵中的佼佼者。

「本家第一旭」和「新福菜館本店」比鄰而居，各自的支持者總在爭論哪家店更好，我個人偏好新福菜館。他們的拉麵與炒飯套餐，是我自學生時代以來的最愛。現在即使年過花甲，還是可以輕鬆吃下整份套餐。

再也不會有比這更充實的夜晚了——我邊想邊回到飯店。享用完京都特有的美食後，還能吃到新福菜館的拉麵和炒飯，夫復何求。

然而，當我經過飯店櫃檯時，卻看到「夜鳴麵」（夜鳴きそば）幾個大字。原來這間飯店有免費的宵夜拉麵。天哪，怎會有這般不湊巧的悲劇，要是我知道他們會提供拉麵的話……但再怎麼懊悔都是枉然，我也只能流著淚回到房間。

他們的客房不會過寬過窄，大小剛剛好。如第三章所述，住在這裡隔天還能吃到美味的早餐。Dormy Inn PREMIUM 可說是我現在最推薦的飯店。

兩間「高橋拉麵」

柏井壽觀點：京都旅宿二三事

京都一直有住宿設施不足的問題，近年來市內陸續開設了許多新型的旅宿，公寓式飯店和膠囊旅館即是如此。這些旅宿脫離既有的旅宿系統與形式，引起熱烈討論。

我們常用「兔子窩」來形容狹窄的屋子，膠囊旅館正是如此。我不禁懷疑它能否被列入旅宿的範圍。在這種難以呼吸的極小空間裡，根本無法放鬆，因此除非發生什麼緊急狀況，否則原來的我絕對不會入住膠囊旅館。

不過聽說現今的膠囊旅館和既有的大不相同，就像飛機的頭等艙一樣。那麼住起來又如何呢？我天生好奇心旺盛，想要驗證其是否適合旅客下榻，所以就名正言順地趁著某間旅館新開幕時，前往那裡入住。

那裡的膠囊型房間號稱模仿頭等艙而建，我沒搭過頭等艙所以無從比較，只能評估其價格是否合理。飛機上空間有限，四平方公尺或許還算寬闊；但若是地面上的飯店，四平方公尺就顯得太小了。如果一晚兩千日圓，不得已時還可以作為應急之用；然而其卻要價四、五千日圓，實在貴得令人匪夷所思。畢竟，現在只要善用訂房網站，五千日圓就能入住十五平方公尺左右的商務客房。

近年來，京都的飯店業發生了劇烈變化。以外資為主的高級飯店陸續開業，高級的商務飯店也一年比一年多。不過，京都的飯店不只在春秋兩季供不應求，就連夏冬兩淡季，長期下來也面臨客房不足的問題。

另外，令人意想不到的是，就連大阪的旅客也湧入了京都。日本環球影城增建遊樂設施後，有些人在大阪訂不到房，只好來京都留宿。這點和過去正好相反。

京都越來越需要經濟實惠的商務飯店，尤其京都車站南側，近來陸續開設了許多新的飯店。

我常住的「京都八条口大和 ROYNET 飯店」附近也開了幾間新飯店，如：「櫻花台飯店」、「京都站八条口卓越飯店」、「京都站南 GREEN RICH 飯店」等等，之後可能還會繼續增加。

然而，我還是經常聽說有人因為飯店客滿，不得已只好入住膠囊旅館。膠囊旅館的浴室和廁所都是公用的，私人空間也很小。這種旅宿雖然新奇，但是住慣飯店的人實在無法適應。出差時住膠囊旅館還說得過去，但若您是來京都觀光，我一點也不建議您入住這種地方，這就是我的結論。有些膠囊旅館宣稱「我們在『睡眠』環境上，絕對不輸高級飯店」，但我認為「睡眠」不只和床鋪有關，就算床鋪再好，躺在像壁櫥一樣的地方也不可能睡得安穩。

還有另一種公寓式飯店，它和前者相反，賣點是寬闊的房間與豐富的設備。如名稱所示，公寓式飯店給人一種「生活」在其中的感覺。

我自從開始撰寫推理小說後，經常在飯店裡閉關寫作，這種旅宿對我來說再好不過，所以我某天就興沖沖地住進一間公寓式飯店。

那是間二十五平方公尺的雙人房，與其他飯店最明顯的差別，在於裡面設有廚房。一進房間就會看到電磁爐、小水槽、微波爐、烤麵包機、煮水壺等標準配備，還有湯鍋、平底鍋、菜刀和砧板、篩子、削皮刀、開罐器等調理用具，甚至連刀叉匙和碗盤、筷子、茶杯、玻璃杯、咖啡杯等餐具都有。在這裡，大部分的料理都做得出來。不過我忽然發現，這種感覺和日常生活太過相似。

京都人偶爾來這裡轉換一下心情倒還可以，若是特地前來旅遊的外地人，住進這種設備齊全的房間，不知會作何感想？可能會想好好利用房內設備吧，但這未必是件好事。

——某對退休五年多的夫妻很喜歡京都，每當季節變換時都會造訪此地。他們已經住過所有知名的旅館，後來每次都住不同的飯店。這次聽說有間公寓式飯店新開幕，丈夫立刻表示想要入住。

他們在錦市場買了大包小包的京都蔬菜、京都豆腐，還有京都湯葉。丈夫提議將這些食材一起燉煮，他們還為此買了高湯粉和調味料。現成的照燒海鰻只要用微波爐熱過就可以吃，鯖魚壽司則可用平底鍋將魚肉煎熟。丈夫深信這樣就能吃到從未在京都吃過的美味晚餐，他腳步輕快地走回飯店。妻子時而嘆氣，追在丈夫後頭。

「來，煮好囉。」

丈夫坐在沙發上，妻子將整鍋燉菜放在他面前。他趕緊拿起筷子，將菜夾到盤裡享用。

「京都豆腐就是不一樣，既柔軟、又嚐得到豆香。蔬菜也很好吃。這樣的料理在割烹不知道要花多少錢才能吃到。妳再幫我熱一下海鰻。」

妻子將照燒海鰻連同盤子一起放進微波爐裡。

「真好吃啊，不愧是京都，每樣菜都好吃，而且這還是我們自己煮的呢。怎麼了，妳怎麼一直不說話？在想什麼？」

丈夫夾起煎過的鯖魚壽司，這麼問道。

「……」

微波爐「叮」了一聲，妻子默默拿出照燒海鰻遞給丈夫。

「這海鰻也很好吃，份量又充足。不像有些餐廳，份量不到這一半，價格卻要十倍以上，貴得要命。」

「……」

「這間飯店真好，以後都住這裡好了，太完美了。」

丈夫臉上不斷露出微笑。

「我才不要。」

妻子說得斬釘截鐵。

「咦？妳說什麼？」

「我說我下次才不要住這裡。」

「為什麼？為什麼啊？這裡明明就很棒，妳不也說想搬來京都嗎？住在這裡就可以輕鬆嘗到當個京都人的滋味，這種飯店可遇不可求啊。」

丈夫完全不明白妻子的心思。

妻子吃完飯後，就像在家裡似地，自然而然走向流理臺。

「這裡就像在自己家一樣，妳不覺得很好嗎？」

丈夫愉快地收起盤子。

「哪裡好？」

正在洗碗的妻子停下動作。

「嗯？」
丈夫回到沙發盤腿而坐，打開電視看起搞笑節目。
「我說，住在這種地方哪裡好？」
「住在這裡，就像把家搬到京都來一樣，滿不錯的啊。」
丈夫拉開啤酒罐的拉環。
「把家搬到京都來？要是我們家真的那麼好，也不用特地來京都了吧？為什麼難得來京都，我還非得做菜洗碗不可？」
妻子說著便將沾滿洗碗精的菜瓜布扔進水槽。——
我總覺得事情會演變成這樣。
大部分的女性應該都會認為：既然來到京都何必親自下廚？
多數人都希望旅行是「非日常」的體驗。對女性而言，旅行時和平常不同，可以茶來伸手、飯來張口，正因如此旅行才會有趣。在飯店辦完入住手續後，一進房就跳上床鋪翻滾的，往往都是女性。可能因為不用自己整理床鋪，讓她們感到輕鬆愉悅吧。

一般而言，出來旅遊時即使想下廚也辦不到；然而住進這種飯店，就可自行選擇是否要下廚，但明明可以下廚卻不下廚，又會覺得有點浪費。因此女性大多認為這些設備是多餘的。不過我認為這樣的構想其實還不錯，畢竟不少旅客還是會想親手料理京都的食材，而非每餐都在餐廳裡吃。若由我來經營公寓式飯店，我不會在房內設置完整的廚房，只會準備各種火鍋用具，如電熱鍋、大小盤子、筷子和湯匙，我認為這樣就足夠了。

而且旅客也不必跑到錦市場，可去飯店附近的商店街，例如出町桝形商店街（地圖D）、京都三条會商店街（地圖C）、北野商店街（鄰近北野天滿宮）。京都現在仍有許多條商店街，常見的店家如魚店、蔬果店、豆腐店等，商店街裡都有。先前那對夫妻若去商店街買菜，一起煮火鍋吃的話，應該就不會吵架了吧。

買海鰻時請店家切成火鍋片，再搭配水菜、豆腐皮、火鍋高湯，隨意加進鍋裡煮滾。水菜和豆腐皮用手撕開就好，不需要菜刀。吃火鍋不過就是「玩樂」的一環，不必那麼講究。

最重要的還是在京都度過的旅遊時光——回到飯店後，打開數位相機，回顧白天去過的神社佛寺、走過的步道、吃過的午餐；接著再決定隔天的行程，沉浸在美好的想像裡。來到京都，若真想享用美食還是該去餐廳，而非親自下廚。頂多是換個花樣，抱著「玩樂」的心情煮點東西來吃，這樣說來，飯店其實只要備足最基本的用具就夠了。因此我認為，提供外地旅客住宿的飯店不需要廚房。

1 日本國定假日之一，時間是七月第三個星期一。

2 原文改寫自竹久夢二的詩歌〈宵待草〉。

3 日本山岳信仰與佛教等結合後所產生的宗教，藉由山中修行來悟道。

結語　盡情享受夏季京都的百變面貌

每個造訪過京都的人，應該都知道祇園，而且也踏進過祇園。然而不同季節的祇園，給人的印象卻大不相同。

櫻花盛開時，可以欣賞圓山公園裡的枝垂櫻，醉心於「都舞」[1]表演，漫步在花見小路上；跨年時，則可聆聽知恩院的除夜鐘聲，至八坂神社領取「白朮火」[2]，領完才想到不能將火帶回旅宿，只能在寒夜中發抖，不知如何是好——上述兩種季節前來的人，離開後肯定會對京都抱有迥異的印象。

日本擁有「四季」這項得天獨厚的恩賜。雖然全世界每個國家都是一年三百六十五天，始於春季終於冬季，但是日本每個季節都有截然不同的樣貌，在四季分明這點上可謂數一數二。春夏秋冬四季的變化，使日本自然流露出萬種風情。尤其京都因為地形的緣故，四季景色更顯豐富。春天有春天的祇園，冬天有冬天的祇園，難以斷言哪個季節更好。然而……

有句諺語用以形容京都這座古都：「夏暖冬涼」。此語中充滿了京都人特有的自嘲風格，但也不完全是句玩笑話。我就曾多次親身體會到這句話的涵義。

某年二月我去了一趟札幌，在新千歲機場下機後，搭乘千歲線前往札幌車站再走向飯店，走在積雪的道路上，還要每步踩穩以防滑倒，這樣就花了十分鐘。在飯店櫃檯辦完入住手續後，終於進到房間。我脫下羽絨外套，才發現自己額頭上已經冒了一層薄汗。

從窗戶望出去，對面大樓的溫度計顯示著零下六度。然而，我來到札幌後從未冷到發抖，下機到抵達房間這一路上，也不曾縮起身子。

回程時，我從伊丹機場搭乘巴士回到京都車站，抵達八条口後一下車，就因冷風而縮起身子。接著，我為了轉搭地下鐵而走進地下道，裡面也很冷，我不禁將外套拉鍊拉至頸部。搭車至北大路站，從北側剪票口出站後，一搭上通往地面的電扶梯，寒意便滲進全身，回到地面後更是冷得刺骨，我望著比叡山快步走回家。即使穿過大門走進客廳，仍不太想脫下外套。當天的最低氣溫是五度，明明比札幌高上十一度，怎麼感覺這麼冷呢？

另一次是某年七月去沖繩的時候。我運氣不好，碰上十年來第一次登陸本島的颱風。我在狂風暴雨的夜裡按兵不動，等到隔天早上才搭車沿著國道五十八號[3]向北而行。颱風轉眼間就通過沖繩，留下南洋帶來的大量水氣。據計程車司機所言，他記憶中沖繩從來沒有這麼熱過。

「好熱啊，這麼熱真教人什麼事都不想做。」

我在恩納村工作了一天，明明也沒去海邊游泳，卻曬得全身黝黑。

結束工作回到關西機場後，乘坐「Haruka」列車抵達京都車站。我抱著沖繩爌肉、沖繩排骨、島蕗蕎等大包小包的名產，走向計程車招呼站，邊走邊感到頭暈目眩。

怎麼會這麼熱呢？

京都的冬季比札幌的隆冬還冷，夏季比沖繩的盛夏還熱。

表面上抱怨，實際上卻打從心底享受每個季節，這就是京都人。我們在比叡山吹來的寒風之下，顫抖著身子走過京都街頭，心中相信前方肯定有美好事物等著我們；盛夏時陽光灼熱，盆地地形使得京都經常一點風都沒有，我們連汗也不擦，一心朝著店家招牌邁進，因為我們知道接下來必能享用人間美味。

若想充分體會京都四季之美，首先就必須讓身心習慣這種嚴峻的氣候。京都並非整年都是同種模樣，她春秋時表情溫和，夏冬時卻會板起臉來。若您對此甘之如飴，即使不參加檢定考試，您也是一位不折不扣的高級京都達人。

從年初到年尾、從一月到十二月，京都時時刻刻都在變換表情，京都人引以為樂，遊客也是。不同時期來此，便有不同的享樂方式。我這次將焦點放在京都四季之一的「夏季」，希望能對夏季前來的遊客有所助益。

本書尤其適合「一個人」的旅行，因為沒有旅伴在旁時，人們對於季節的推移變化會更加敏感。該選哪個季節前來也很教人煩惱。櫻花盛開的春季、紅染山頭的秋季、千鳥飛過鴨川的冬季、祇園囃子迴響的夏季，每個季節我都想推薦給各位。當您哪天想起這些不經意見到的美景，肯定會想再次前來京都。

這次介紹了炎熱的夏季京都。

梅雨季結束後的祇園囃子、川床與五山送火——請您盡情享受這專屬夏季、韻味深長的京都之旅！

---

1 都をどり，每年四月一日至三十日，於祇園甲部歌舞練場舉行的舞蹈表演，自西元一八七二年延續至今。

2 八坂神社每年一月一日會舉行祈福的白朮祭，前一日境內設有「白朮火授與所」，供人以火繩將白朮火帶回家，可點燃神壇蠟燭、煮食新年料理，或者將熄滅的火繩放在廚房內防火。

3 連接鹿兒島縣鹿兒島市至沖繩縣那霸市的一般國道。

貴船神社
鞍馬寺
由岐神社
鞍馬
貴船口
二瀨
市原
二軒茶屋
京都精華大前站
實相院
1
木野
岩倉
八幡前
三千院
大原
延曆寺
纜車
比叡站
輕軌
八瀨站
八瀨
比叡山口
輕軌
比叡站
比叡
山頂站
比叡山
國際會館
賀茂神社
寶池
三宅八幡宮
寶池
上賀茂橋
妙圓寺
赤山禪院
修學院離宮
北山
松崎
新宮神社
鷺森神社
修學院
半木神社
曼殊院
高野川
叡山本線
左京區
北大路
一乘寺下松
一乘寺
詩仙堂
八大神社
下鴨神社
天寧寺
金福寺
茶山
鞍馬口
上御靈神社
烏丸通
白川通
元田中
相國寺
出町柳
今出川
八神社
梨木神社
鴨川
京阪鴨東線
4
銀閣寺(慈照寺)
地下鐵烏丸線
京都御所
下神御社靈
哲學之道
東山區
大文字山
神宮丸太町
丸太町
如意岳
平安神宮
京都市役所
永觀堂(禪林寺)
南禪寺
東山
蹴上
湖西線
丸御池
京都市役所前
金地院
三条
三条京阪
錦天滿宮
辰己稻荷
日向大神宮
烏丸
河原町
知恩院
安養寺
山科區
四条
祇園四条
八坂神社
圓德院
毘沙門堂
烏丸通
河原町通
建仁寺
高台寺
八坂塔
御陵
五条
清水五条
六道珍皇寺
地主神社
地下鐵東西線
諸羽神社
山科
六波羅蜜寺
追分
市比賣神社
方廣寺
清水寺
京阪山科
山科
四宮
願寺
妙法院
七条
三十三間堂
智積院
東海道本線
京都
東福寺
東野
東福寺
萬壽寺
九条
東海道新幹線
東福寺
鳥羽街道
十条
椥辻
伏見稻荷
伏見稻荷
稻荷
鳥羽回
伏見區
深草
奈良線
名神高速道路
地下鐵東西線
小野
奈良街道
水雞橋
藤森
竹田
藤森神社
近鐵京都線
京阪本線
醍醐
醍醐寺
JR藤森
外環狀線
石田

A
京都市內廣域地圖
推薦地點
1 松乃鰻寮
2 音戸山山荘・畑善
3 La Boulange ASANO
4 草喰中東
N
三尾
神護寺
西明寺
嵐山高雄一般車道
源光庵
常照寺
光悅寺
北區
大德寺
金閣寺(鹿苑寺)
船岡山
上京區
右京區
龍安寺
等持院
千本釋迦(大報恩寺)
仁和寺
北野天滿宮
宇多野
御室仁和寺
龍安寺
等持院
北野白梅町
大覺寺
妙心寺
嵯峨嵐山
鳴瀧
嵐電北野線
妙心寺
達磨寺(法輪寺)
千本通
常盤
花園
圓町
小火車嵐山站
嵯峨嵐山
太秦
二条
山陰本線
小火車嵯峨站
廣隆寺
天龍寺
車折神社
鹿王院
有栖川
帷子辻
太秦廣隆寺
嵐山
嵐電嵯峨
太秦天神川
西大路御池
嵐山
蠶社
嵐電天神川
山內
西大路三条
二条
嵐山
嵐電嵐山本線
西院
梅宮大社
西院
四条大
西京區
松尾大社
松尾
丹波口
西大路通
西本
桂川
山陰道
西京極
天神川
A-a
東山
東山三条
京都威斯汀都飯店
蹴上
東大路通
東山區
知恩院
桂離宮
東寺
桂
八坂神社
圓山公園
其中庵
JR京都線(東海道本線)
西大路
南區
祇園
長樂館
阪急京都本線
高台寺
桂川
洛西口
圓德院
靈山護國神社
143
八坂通
八坂塔
桂
川
向日町
東海道新幹線
東日向
松原通
1
地主神社

B
至地圖D
推薦地點
5 濱作本店
6 鳥新、TORI新
7 祇園權兵衛
8 珈琲 Cattleya
9 祇園 Uokeya U
10 鍵善良房本店
11 建仁寺·祇園丸山
12 Bistro SUMIRE Chinese
13 割烹原田
14 俵屋
15 INODA COFFEE 總店
16 點邑
17 宮脇賣扇庵
18 要庵西富家
19 近又
20 東華菜館
21 侘家洛中亭
22 Atlantis
23 開陽亭
河原町丸太町
丸太町通
竹屋町通
御所南小學
富小路通
麩屋町通
御幸町通
寺町通
新烏丸通
新椹木町通
河原町通
東洞院通
間之町通
高倉通
堺町通
柳馬場通
日本銀行
押小路通
御池中
京都市役所
地下鐵東西線
京都市役所前
御池通
京都銀門飯店
本能寺
京都皇家SPA飯店
池田屋跡
酢屋
京劇會館
三条大橋
三条京阪
東山三条
東山
姉小路通
三条通
六角通
高倉小學
蛸藥師通
錦小路通
錦市場
三福
木屋町通
鴨川
縄手通
辰巳稲荷
巽橋
花見小路通
東大路通
岬神社（土佐稲荷）
錦天満宮
先斗町通
裏寺町通
新京極通
四条大橋
烏丸
河原町
四条通
阪急京都線
四条河原町
祇園四条
八坂神社
祇園
神明神社
綾小路通
足袋屋町
塗師屋町
佛光寺通
京都日航公主飯店
佛光寺
高辻通
團栗橋
高瀬川
宮川町通
川端通
大和大路通
祇園甲部歌舞練場
建仁寺
圓德院
田舍亭
安井金比羅宮
金比羅繪馬館
夕顔石碑
松原通
松原橋
八坂通
鐵輪之井
萬壽寺通
京都富豪飯店
宮川筋
六道珍皇寺
八坂塔
安食路地
六波羅蜜寺
東山區役所
大黒町
五条通
五条大橋
清水五条
河原町五条
五条大橋
晴鴨樓
本町通
富小路通
六条通
市比賣神社
六条院小學
東山五条
間屋町通
方廣寺
東山閣
豐國神社
涉成園
七条通
七条大橋
七条
32
143
116
1

C
推薦地點
24 食事處山彥
25 京都全日空皇冠廣場飯店 啤酒園
26 蕎麥處 更科
至地圖E
堀川丸太町
烏丸丸太町
丸太町通
竹屋町通
夷川通
二条通
押小路通
御池通
姉小路通
三条通
蛸薬師通
錦小路通
四条通
綾小路通
佛光寺通
五条通
楊梅通
六条通
花屋町通
舊花屋町通
正面通
北小路通
七条通
中堂寺通
堀川通
東堀川通
油小路通
小川通
西洞院通
釜座通
新町通
衣棚通
室町通
兩替町通
烏丸通
車屋町通
東洞院通
大宮通
黒門通
猪熊通
岩上通
醒井通
壬生通
千本通
東中筋通
若宮通
小田原町通
諏訪町通
不明門通
櫛笥通
下松屋通
後院通
二条城
朱雀高中
中京中學
二条城前
押小路通
神泉苑
京都全日空皇冠廣場飯店
御金神社
二条殿跡
地下鐵東西線
堀川御池
花園飯店
千本三条
武信稲荷神社
京都三条會商店街
烏丸三条
三井花園飯店
京都蒙特利飯店
朱雀第一小學
洛中小學
HOTEL VIA INN京都四条室町
堀川高校
京都藝術中心
MYSTAYS HOTEL京都四条
醒井
四条大宮
大宮
四条大宮
四条堀川
庭院飯店
四条烏丸
烏丸
四条
烏丸飯店
壬生寺
下京署
烏丸高辻
松原中學
瑞雲院
堀川五条
烏丸五条
光德小學
五条大宮
東急
五条
綠風莊
丹波口
洛兆
東本願寺
西本願寺
七条堀川
丸太町
烏丸御池
地下鐵烏丸線
37
38
367
9
1
24

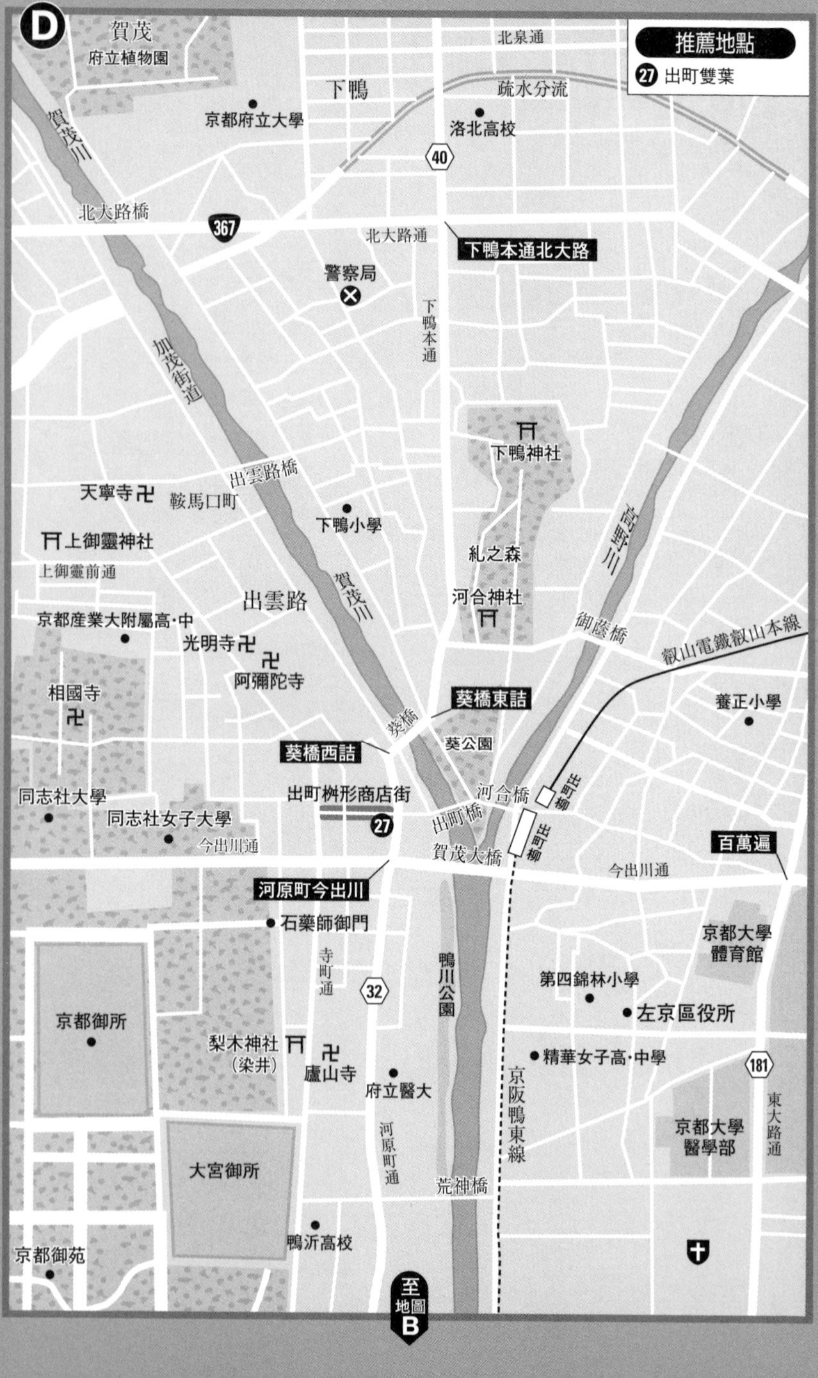
D
推薦地點
27 出町雙葉
賀茂
府立植物園
北泉通
下鴨
疏水分流
京都府立大學
洛北高校
40
賀茂川
北大路橋
367
北大路通
下鴨本通北大路
警察局
下鴨本通
加茂街道
下鴨神社
出雲路橋
天寧寺
鞍馬口町
下鴨小學
高野川
上御靈神社
糺之森
上御靈前通
出雲路
賀茂川
河合神社
京都産業大附屬高·中
御蔭橋
光明寺
叡山電鐵叡山本線
阿彌陀寺
相國寺
葵橋東詰
養正小學
葵橋
葵公園
葵橋西詰
出町柳
出町桝形商店街
河合橋
同志社大學
同志社女子大學
27
出町橋
出町柳
今出川通
賀茂大橋
百萬遍
今出川通
河原町今出川
石藥師御門
京都大學
體育館
寺町通
鴨川公園
第四錦林小學
32
京都御所
左京區役所
梨木神社
（染井）
精華女子高·中學
181
盧山寺
府立醫大
東大路通
京阪鴨東線
河原町通
京都大學
醫學部
大宮御所
荒神橋
鴨沂高校
京都御苑
至
地圖
B

E
推薦地點
28 一和
29 飾屋
30 紫野源水
31 鳳飛
32 中華SAKAI本店
33 大徳寺一久
34 松屋藤兵衛
35 西陣·鳥岩樓
36 鳴海餅本店
今宮神社（織姫社）
芳春庵
龍翔寺
大徳寺
高桐院
龍光院
今宮通
一心寺
大宮通
堀川通
小柳南通
紫野通
紫野南通
新町通
賀茂川
北大路
烏丸北大路
紫明小學
大谷大學·短大
烏丸紫明
181
堀川北大路
紫野小學
紫野
船岡山公園
京都教育大學
京都中·小學
紫明通
堀川紫明
小川通
鞍馬口通
大泉寺
鞍馬口
水火天滿宮
本法寺
寶鏡寺
廬山寺通
寺之内通
烏丸中學
室町小學
堀川寺之内
淨福寺通
智惠光院通
上立賣通
五辻通
Kyoto City Hotel
同志社大學
西陣中央小學
嘉樂中學
今出川通
上京區役所
今出川
中筋通
堀川今出川
烏丸今出川
西陣織會館
元誓願寺通
笹屋町通
武者小路通
智惠光院
晴明神社
小川通
一条通
橫神明通
38
一条戻橋
上京區
上京中學
警察局
中立賣通
京都布萊頓飯店
正親小學
京都求職所
堀川通
烏丸通
上長者町通
上長者町通
京都花園皇宮飯店
下長者町通
裏門通
大宮通
黒門通
猪熊通
葭屋町通
京都堀川Rubino飯店
京都府廳
府警本部
下立賣通
京都御苑
二条城北小學
第二赤十字病院
至地圖C

F
推薦地點
37 近為
38 上七軒歌舞練場啤酒園
39 Cricket
181
北大路通
金閣寺
金閣寺前
府立盲學校
高等部
衣笠
木辻通
31
船岡山公園
柏野小學
鞍馬口通
千本鞍馬口
木辻馬代
速食店（麥當勞）
千本寺之内
平野
石像寺
平野神社
翔鸞小學
上立賣通
千本通
39
警察局
北野天滿宮
千本釋迦堂
（大報恩寺）
37
衣笠小學
千本今出川
今出川通
北野
西大路通
38
洛星高·中學
上七軒
京福北野線
今小路通
101
上京警察署
北野白梅町

G
推薦地點
40 天狗
41 總本家鯡魚蕎麥麵·松葉 京都車站店
42 本家第一旭
43 新福菜館本店
洛兆
東本願寺
西本願寺
涉成園
24
七条堀川
七条通
大宮七条
警察局
七条河原町
1
京都塔
下京區役所
新阪急
京都站前Dormy Inn PREMIUM
鴨川
師團街道
鳩屋瑞鳳閣飯店
京都
43
伊勢丹
42
麗嘉皇家飯店
崇仁小學
京都
41
40
東海道新幹線
京阪飯店
大宮通
新都飯店
24
地下鐵烏丸線
奈良線
近鐵京都線
油小路通
東九条
山王小學
河原町通
高瀨川
東寺
九条大宮
第一飯店
九条
143
九条河原町
福稻
九条油小路
115

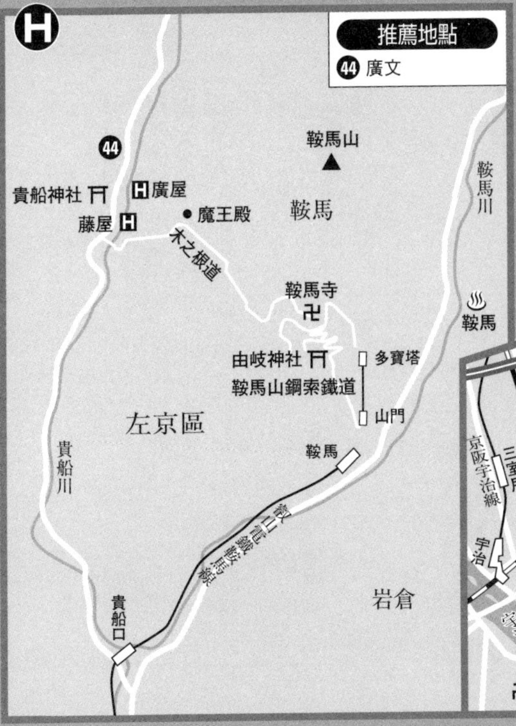
H
推薦地點
44 廣文
44
鞍馬山
貴船神社
廣屋
藤屋
魔王殿
鞍馬
鞍馬川
木之根道
鞍馬寺
鞍馬
由岐神社
多寶塔
鞍馬山鋼索鐵道
山門
左京區
貴船川
鞍馬
叡山電鐵鞍馬線
岩倉
貴船口

I
京都滋賀分流道
宇治東IC
三室戸寺
JR奈良線
京阪宇治線
三室戸
宇治
宇治川
宇治神社
平等院

J
推薦地點
45 平野屋
46 廣川
47 天龍寺 篩月
45
137
化野念佛寺
嵐山高雄觀光道路
大覺寺
大澤池
嵯峨野
50
祇王寺
清涼寺
29
大覺寺門前
嵯峨
釋迦堂清瀧道
二尊院
丸太町通
187
常寂光寺
嵯峨嵐山
嵯峨野線(山陰本線)
小火車嵯峨站
29
46
法然寺
野宮神社
小火車嵐山站
135
嵐電嵯峨
47
天龍寺
嵐山

K-a
推薦地點
48 鳰之海
49 Dining MOO
50 湖舟
51 姥餅屋本店
52 強棒亭總本家
草津站前店
琵琶湖
草津市立水生植物公園水之森
滋賀縣立琵琶湖博物館
草津烏丸半島港
蓮群生地
烏丸記念公園
147
守山蘆刈園
湖岸車道
559
湖岸綠地
真珠養殖場
26
蘆浦觀音寺
常教寺

K-b
琵琶湖
26
草津市
草津波士頓廣場飯店
草津
51
52
琵琶湖飯店
大津湖岸渚公園
滋賀縣立藝術劇場琵琶湖表演廳
大津王子飯店
大津港
濱大津
三井寺
49
鳰之濱
島關
石場
京阪膳所
膳所
大津
559
矢橋歸帆島
42
南草津
1
近江大橋
皇家橡樹花園水療飯店
東海道本線
瀨田
大津京都Tetora飯店
大津IC
石山
京阪石山
瀨田唐橋
名神高速道路
東海道新幹線
瀨田東 IC
石山寺
50

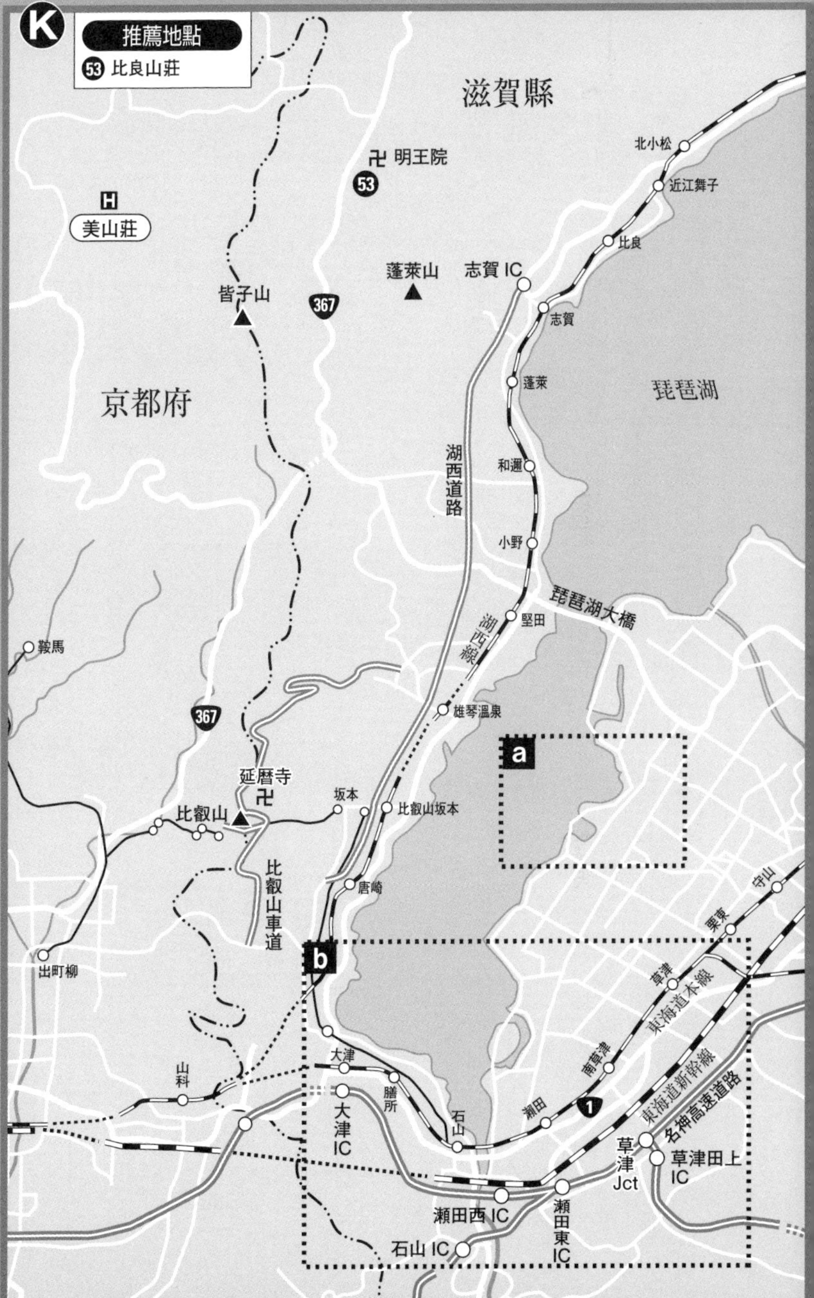
K
推薦地點
53 比良山莊
滋賀縣
明王院
53
美山荘
蓬萊山
志賀 IC
北小松
近江舞子
比良
志賀
皆子山
367
京都府
蓬萊
琵琶湖
湖西道路
和邇
小野
琵琶湖大橋
堅田
湖西線
鞍馬
雄琴温泉
a
367
延曆寺
坂本
比叡山
比叡山坂本
比叡山車道
唐崎
守山
栗東
出町柳
b
草津
東海道本線
南草津
大津
膳所
山科
大津 IC
石山
瀬田
東海道新幹線
名神高速道路
1
草津 Jct
草津田上 IC
瀬田西 IC
瀬田東 IC
石山 IC

大津王子飯店

〒 520-8520 滋賀県大津市におの浜 4-7-7
TEL ／ 077-521-1111　FAX ／ 077-521-1110
交通方式／從 JR「大津」站搭計程車 10 分鐘（有免費接駁車）
http://www.princehotels.co.jp/otsu/　【p.234】

【地圖 K】 **美山莊**

〒 601-1102 京都府京都市左京区花脊原地町大悲山 375
TEL ／ 075-746-0231　FAX ／ 075-746-0233　※ 可只用餐不住宿、必須預約
交通方式／從京都市內搭計程車約 1 小時、京阪本線「出町柳」或地下鐵烏丸線「北大路」站搭京都巴士至「大悲山口」站步行 25 分鐘（有預約時，可請店家從巴士站接送）
http://miyamasou.jp/　【p.236】

■飯店、旅館

【地圖 A-a】 其中庵

〒 605-0071 京都府京都市東山区円山公園内
TEL ／ 075-533-0210　FAX ／ 075-533-0034
交通方式／從阪急京都本線「河原町」站步行約 20 分鐘、京阪本線「祇園四条」步行 15 分鐘、搭市巴士至「祇園」站步行 8 分鐘
https://kicyuan.com/　【p.242】

【地圖 B】 三福

〒 604-8011 京都府京都市中京区先斗町三条下ル若松町 140
TEL ／ 075-221-5696　FAX ／ 075-221-6032
交通方式／從阪急京都本線「河原町」站步行 10 分鐘、地下鐵東西線「三条京阪」站或京阪本線「三条」站步行 5 分鐘、搭市巴士至「三条河原町」站步行 8 分鐘　【p.241】

田舍亭

〒 605-0825 京都府京都市東山区祇園下河原石塀小路 463
TEL ／ 075-561-3059
交通方式／從阪急京都本線「河原町」站步行 15 分鐘、京阪本線「祇園四条」步行 13 分鐘、搭市巴士至「祇園」站步行 6 分鐘
http://www.inakatei.com/　【p.244】

【地圖 G】 京都站前 Dormy Inn PREMIUM

〒 600-8216 京都府京都市下京区東塩小路町 558-8
TEL ／ 075-371-5489　FAX ／ 075-371-1861
交通方式／從 JR「京都」站步行 3 分鐘
http://www.hotespa.net/hotels/kyoto/　【p.245】

【地圖 K-b】 草津波士頓廣場飯店

〒 525-0037 滋賀県草津市西大路町 1-27 草津駅西口ボストンスクエア内（波士頓廣場內）
TEL ／ 077-561-3311　FAX ／ 077-561-3322
交通方式／ JR「草津」站出站即可抵達　http://www.hotel-bp.co.jp/　【p.226】

琵琶湖飯店

〒 520-0041 滋賀県大津市浜町 2-40　TEL ／ 077-524-7111
交通方式／從 JR「大津」站步行 10 分鐘（有免費接駁車）、京阪石山坂本線「濱大津」站步行 5 分鐘
https://www.keihanhotels-resorts.co.jp/biwakohotel/access/　【p.232】

大津京都 Tetora 飯店

〒 520-0054 滋賀県大津市逢坂 1-1-1
TEL ／ 077-527-6711　FAX ／ 077-527-6728
交通方式／ JR「大津」站直通飯店
http://otsu.e-tetora.com/　【p.233】

皇家橡樹花園水療飯店

〒 520-2143 滋賀県大津市萱野浦 23-1
TEL ／ 077-543-0111　FAX ／ 077-543-9100
交通方式／從 JR「石山」站搭計程車 8 分鐘（有免費接駁車）、JR「瀨田」站搭近江鐵道巴士至「皇家橡樹飯店」站即可抵達　【p.234】

⑰天龍寺 篩月

〒 616-8385 京都府京都市右京区嵯峨天龍寺芒ノ馬場町 68
TEL／075-882-9725　FAX／075-882-9726（皆為天龍寺精進料理部）
營業時間／11:00～14:00　公休日／全年無休　※ 庭園參觀費用 500 日圓另計
交通方式／從 JR「嵯峨嵐山」站步行 13 分鐘、阪急嵐山線「嵐山」站步行 15 分鐘、京福嵐山本線「嵐山」站即可抵達、搭市巴士至「嵐山天龍寺前」或京都巴士「京福嵐山站前」即可抵達
http://www.tenryuji.com/　【p.159】

【地圖 K-a】㊽鳰之海【にはのうみ】

〒 525-0001 滋賀県草津市下物町 1091 滋賀県立琵琶湖博物館内
TEL／077-568-4819　營業時間／10:30～17:00（供餐時間為 11:00～16:00）
公休日／週一（以博物館為準）
交通方式／從 JR「草津」站搭計程車 25 分鐘、搭近江鐵道巴士至「琵琶湖博物館前」站即可抵達
http://www.nanyouken.co.jp/nionoumi/　【p.208】

【地圖 K-b】㊾Dining MOO【ダイニングMOO】

〒 520-0041 滋賀県大津市浜町 9-28 中央ビル　TEL／077-522-5080
營業時間／11:00～14:30（最後點餐 14:00）、18:00～22:00（最後點餐 21:00）
公休日／週一（若遇假日則改休隔日）、可能臨時休息
交通方式／從 JR「大津」站步行 6 分鐘、京阪石山坂本線「島關」站步行 5 分鐘、京阪京津線「濱大津」站步行 6 分鐘　【p.198】

㊿湖舟

〒 520-0861 滋賀県大津市石山寺 3-2-37 石山寺観光駐車場内
TEL／077-537-0127　FAX／077-537-0121　營業時間／10:00～17:00
公休日／週五不定時休息　※ 營業時間、營業日皆可能有所變動
交通方式／從京阪石山坂本線「石山寺」站步行 12 分鐘
https://www.shijimimeshi-koshu.com/　【p.199】

51姥餅屋本店【うばがもちや本店】

〒 525-0032 滋賀県草津市大路 2-13-19　TEL／077-566-2580
營業時間／9:00～19:00（週六日與假日則為 8:00～20:00）　公休日／無休
交通方式／從 JR「草津」站步行 15 分鐘
http://www.ubagamochiya.jp/　【p.210】

52強棒亭總本家 草津站前店【ちゃんぽん亭総本家】

〒 525-0032 滋賀県草津市大路 1-1-1 エルティ 932 1F
TEL／077-569-4996　營業時間／11:00～24:00（最後點餐 23:30）
交通方式／從 JR「草津」站步行 1 分鐘
http://chanpontei.com/　【p.212】

【地圖 K】53比良山莊（料理、旅館）

〒 520-0475 滋賀県大津市葛川坊村町 94　TEL／077-599-2058
營業時間／11:30～14:00（入店）、17:00～19:00（入店）※ 預約制
公休日／週二（假日營業，其他天可能臨時休息）
交通方式／從京阪鴨東線「出町柳」站搭京都巴士至「坊村」站步行 2 分鐘（除冬季外唯週六日 1 日 2 班）、從京都市內搭計程車約 45 分鐘
http://www.hirasansou.com/　【p.216】

交通方式／搭市巴士至「北野天滿宮前」或「上七軒」站步行 3 分鐘
http://www.maiko3.com/　【p.182】

㊴Cricket【クリケット】

〒 603-8345 京都府京都市北区平野八丁柳町 68-1 サニーハイム金閣寺
TEL & FAX ／ 075-461-3000
營業時間／平日 10:00 ～ 19:00（週日與假日則至 18:00）　公休日／不定休、12 月 31 日
交通方式／從京福北野線「北野白梅町」站步行 7 分鐘、搭市巴士至「衣笠校前」站即可抵達
http://www.cricket-jelly.com/　【p.177】

【地圖 G】

㊶總本家鯡魚蕎麥麵・松葉 京都車站店

〒 600-8214 京都府京都市下京区東塩小路高倉町 8-3 京都駅 2F 新幹線コンコース内（車站大廳內）
TEL ／ 075-693-5595
營業時間／ 7:00 ～ 21:00（最後點餐 20:30）　公休日／無休
交通方式／ JR「京都」站 2F 新幹線大廳（往博多方向月台下方，靠東京側）
http://www.sobamatsuba.co.jp/　【p.158】

㊷本家第一旭

〒 600-8213 京都府京都市下京区東塩小路向畑町 845
TEL ／ 075-351-6321　營業時間／ 6:00 ～ 1:00　公休日／週四
交通方式／從 JR「京都」站步行 5 分鐘
http://www.honke-daiichiasahi.com/　【p.155、247】

㊸新福菜館本店

〒 600-8213 京都府京都市下京区東塩小路向畑町 569
TEL ／ 075-371-7648　營業時間／ 9:00 ～ 20:00　公休日／週三
交通方式／從 JR「京都」站步行 5 分鐘　【p.155、247】

【地圖 H】

㊹廣文（料理、旅館）【ひろ文】

〒 601-1112 京都府京都市左京区鞍馬貴船町 87
TEL ／ 075-741-2147　FAX ／ 075-741-1208
※ 流水素麵供應時間為 5 月上旬～ 9 月下旬　營業時間／ 11:00 ～ 16:00
交通方式／叡山鞍馬線「貴船口」站步行 30 分鐘、搭市巴士至「貴船」站步行 15 分鐘
http://hirobun.co.jp/　【p.55】

【地圖 J】

㊺平野屋

〒 616-8437 京都府京都市右京区嵯峨鳥居本仙翁町 16
TEL&FAX ／ 075-861-0359　※ 必須預約
營業時間／ 11:30 ～ 21:00（最後點餐）　公休日／全年無休
交通方式／從 JR「嵯峨嵐山」或京福嵐山線、阪急嵐山線「嵐山」站搭計程車 10 分鐘、搭嵐山京都巴士至「鳥居本」站步行 5 分鐘
http://ayuchaya-hiranoya.com/　【p.126】

㊻廣川

〒 616-8374 京都府京都市右京区嵯峨天龍寺北造路町 44-1
TEL ／ 075-871-5226　營業時間／ 11:30 ～ 14:30、17:00 ～ 21:00（最後點餐 20:00）
公休日／週一（若遇假日則營業，1 月下旬、5 月中旬、10 月上旬、新年時期會連續休息數天）
交通方式／從 JR「嵯峨嵐山」站步行 8 分鐘、京福嵐山線「嵐山」站步行 4 分鐘、搭市巴士或京都巴士至「天龍寺」或「野野宮」站即可抵達
http://unagi-hirokawa.jp/　【p.168】

㉜中華SAKAI本店【中華のサカイ本店】

〒 603-8217 京都府京都市北区紫野上門前町 92（新大宮商店街）
TEL ／ 075-492-5004　FAX ／ 075-492-8581
營業時間／ 11:00 ～ 22:00　公休日／週一（假日營業）
交通方式／從地下鐵烏丸線「北大路」站步行 15 分鐘、搭市巴士至「下鳥田町」站步行 5 分鐘
http://www.reimen.jp/　【p.170】

㉝大德寺一久

〒 603-8215 京都府京都市北区紫野大徳寺下門前町 20
TEL ／ 075-493-0019　FAX ／ 075-491-1900　※ 必須預約
營業時間／大德寺納豆 9:00 ～ 20:00、精進料理 12:00 ～ 18:00（入店時間）
公休日／不定休（可能配合大德寺活動而休息）
交通方式／從地下鐵烏丸線「北大路」站步行 17 分鐘、搭市巴士至「大德寺前」站即可抵達
http://www.daitokuji-ikkyu.jp/　【p.160】

㉞松屋藤兵衛

〒 603-8214 京都府京都市北区紫野雲林院町 28
TEL ／ 075-492-2850　營業時間／ 9:00 ～ 18:00　公休日／週四（假日營業）
交通方式／從地下鐵烏丸線「北大路」站步行 17 分鐘、搭市巴士至「大德寺前」站即可抵達　【p.174】

㉟西陣・鳥岩樓

〒 602-8446 京都府京都市上京区五辻通智恵光院西入ル南側
TEL ／ 075-441-4004　FAX ／ 075-441-4500
營業時間／ 12:00 ～ 14:00、17:00 ～ 20:00（皆為入店時間）
公休日／週四（假日營業）　※ 午餐僅供應親子丼，水炊鍋必須預約
交通方式／從地下鐵烏丸線「今出川」站步行 20 分鐘、搭市巴士至「堀川今出川」站步行 5 分鐘　【p.187】

㊱鳴海餅本店

〒 602-8138 京都府京都市上京区堀川下立売西南角
TEL ／ 075-841-3080　FAX ／ 075-841-6070
營業時間／ 8:30 ～ 17:30　公休日／不定休
交通方式／從地下鐵東西線「二条城前」站步行 5 分鐘、搭市巴士至「堀川下立賣」站步行 1 分鐘
http://www.narumi-mochi.jp/　【p.179】

【地圖F】

㊲近為（總店）

〒 602-8475 京都府京都市上京区千本通五辻上ル牡丹鉾町 576
TEL ／ 075-461-4072　FAX ／ 075-461-4770
營業時間／商品販售 9:30 ～ 17:30，內用茶泡飯（必須預約）11:00 ～ 15:00
公休日／無休（年初除外，茶泡飯 12 月 1 日～ 1 日 6 日暫停供應）
交通方式／搭市巴士至「千本今出川」站步行 5 分鐘
http://www.kintame.co.jp/　【p.149】

㊳上七軒歌舞練場啤酒園

〒 602-8381 京都府京都市上京区今出川通七本松西入ル真盛町 742
TEL ／ 075-461-0148　FAX ／ 075-461-0149
※ 夏季限定（7 月～ 9 月上旬，但 8 月 15 日前後休息，上述時間每年都有所變動）
營業時間／ 17:30 ～ 22:00（最後點餐 21:30）

【地圖C】 ㉔食事處山彥【お食事処事やまびこ】

〒 604-0081 京都府京都市中京区丸太町西洞院東入ル田中町 122
TEL ／ 075-231-5477　FAX ／ 075-231-5496
營業時間／ 11:30 ～ 14:45（賣完即關門）　公休日／週六
交通方式／從地下鐵烏丸線「丸太町」站步行 6 分鐘
http://www.suji-curry.com/　【p.164】

㉕京都全日空皇冠廣場飯店 啤酒園

〒 604-0055 京都府京都市中京区堀川通二条城前
TEL ／ 075-231-1155　FAX ／ 075-231-5333（皆為飯店代表）
營業時間／ 6 月上旬～ 9 月中旬，18:00 ～ 21:00（最後點餐 20:30）
公休日／雨天、8 月 16 日（「五山送火」當日）
交通方式／從地下鐵東西線「二条城前」站步行 1 分鐘
http://www.anacpkyoto.com/　【p.183】

㉖蕎麥處 更科【そば処 更科】

〒 604-8316 京都府京都市中京区大宮姉小路上ル三坊大宮町 123
TEL ／ 075-841-5933　營業時間／ 11:00 ～ 19:30（假日到 17:00 為止）
公休日／週日、每月第二個週六
交通方式／從地下鐵東西線「二条城前」站步行 5 分鐘　【p.71】

【地圖D】 ㉗出町雙葉【出町ふたば】

〒 602-0822 京都府京都市上京区出町通今出川上ル青龍町 236
TEL ／ 075-231-1658
營業時間／ 8:30 ～ 17:30　公休日／週二、每月第四個週三（若遇假日則改休隔日）
交通方式／從京阪鴨東線「出町柳」站步行 5 分鐘　【p.176】

【地圖E】 ㉘一和（一文字屋和輔）

〒 603-8243 京都府京都市北区今宮神社東門前北側紫野今宮町 69
TEL ／ 075-492-6852
營業時間／ 10:00 ～ 17:00　公休日／週三（假日、1 日、15 日營業，隔日休息）
交通方式／搭市巴士至「今宮神社前」站即可抵達　【p.156】

㉙飾屋【カざりセ】

〒 603-8243 京都府京都市北区今宮神社東門前南側紫野今宮町 96
TEL ／ 075-491-9402
營業時間／ 10:00 ～ 17:00　公休日／週三（假日、1 日、15 日營業，隔日休息）
交通方式／搭市巴士至「今宮神社前」站即可抵達　【p.156】

㉚紫野源水

〒 603-8167 京都府京都市北区小山西大野町 78-1
TEL ／ 075-451-8857
營業時間／ 9:30 ～ 18:30　公休日／週日、假日
交通方式／從地下鐵烏丸線「北大路」站步行 7 分鐘　【p.178】

㉛鳳飛

〒 603-8175 京都府京都市北区紫野下鳥田町 37-1
TEL ／ 075-493-5025　營業時間／ 12:00 ～ 13:30、17:00 ～ 20:00
公休日／週二、週三
交通方式／從地下鐵烏丸線「北大路」站步行 15 分鐘、搭市巴士至「下鳥田町」站即可抵達　【p.162】

公休日／週二
交通方式／從地下鐵東西線「京都市役所前」站步行 5 分鐘　【p.133】

⑰宮脇賣扇庵

〒 604-8073 京都府京都市中京区六角通富小路東入ル大黒町 80-3
TEL ／ 075-221-0181　FAX ／ 075-221-0439
營業時間／ 9:00 ～ 18:00（夏季至 19:00 為止）　公休日／無休（可能臨時休息）
交通方式／從地下鐵烏丸線、東西線「烏丸御池」站步行 7 分鐘、阪急京都本線「烏丸」站或「河原町」站步行 10 分鐘　http://www.baisenan.co.jp/　【p.106】

⑱要庵西富家（料理、旅館）

〒 604-8064 京都府京都市中京区富小路通六角下ル
TEL ／ 075-211-2411　FAX ／ 075-211-2415　※ 可只用餐不住宿、必須預約
交通方式／從地下鐵烏丸線「四条」站步行 10 分鐘、阪急京都本線「烏丸」站或「河原町」站步行 10 分鐘　https://www.kanamean.co.jp/　【p.124】

⑲近又（旅館、料理）

〒 604-8044 京都府京都市中京区御幸町四条上ル
TEL ／ 075-221-1039　FAX ／ 075-231-7632　※ 必須預約
營業時間／早餐 7:30 ～ 9:00、懷石午餐 12:00 ～ 13:30、懷石晚餐 17:30 ～ 19:30（皆為入店時間）
公休日／週三
交通方式／從地下鐵烏丸線「四条」站步行 10 分鐘、阪急京都本線「河原町」站步行 5 分鐘、京阪本線「祇園四条」站步行 10 分鐘
http://www.kinmata.com/　【p.144】

⑳東華菜館（本店）

〒 600-8012 京都府京都市下京区四条大橋西詰
TEL ／ 075-221-1147　FAX ／ 075-221-1148
營業時間／ 11:30 ～ 21:30（最後點餐 21:00）　公休日／無休
交通方式／京阪本線「祇園四条」站或阪急京都本線「河原町」站出站即可抵達
http://www.tohkasaikan.com/　【p.138】

㉑侘家洛中亭

〒 604-8013 京都府京都市中京区四条先斗町上ル東側　TEL ／ 075-241-1616
營業時間／ 17:00 ～ 23:30（最後點餐 22:30）　公休日／週三（可能臨時休息）
交通方式／從阪急京都本線「河原町」站步行 5 分鐘、京阪本線「祇園四条」站步行 5 分鐘
https://www.wabiya.com/rakuchu/　【p.139】

㉒Atlantis【アトランテイス】

〒 604-8013 京都府京都市中京区四条先斗町上ル松本町 161
TEL ／ 075-241-1621
營業時間／ 18:00 ～ 26:00（週日至 25:00 為止）　公休日／無休
交通方式／從阪急京都本線「河原町」站步行 5 分鐘、京阪本線「祇園四条」站步行 5 分鐘
http://www.atlantis-net.co.jp/　【p.141】

㉓開陽亭

〒 604-8012 京都府京都市中京区先斗町通四条上ル柏屋町 173-3
TEL ／ 075-221-3607
營業時間／ 12:00 ～ 15:00、17:00 ～ 22:00（最後點餐 21:30）　公休日／週二
交通方式／從阪急京都本線「河原町」站步行 3 分鐘、京阪本線「祇園四条」站步行 5 分鐘
http://www.kaiyoutei.com/　【p.138】

營業時間／10:00 ～ 22:00（週日至 20:00 為止）　公休日／無休
交通方式／從京阪本線「祇園四条」站步行 7 分鐘　【p.181】

⑨祇園 Uokeya U【祇をんう桶やう】

〒 605-0074 京都府京都市東山区祇園西花見小路四条下ル
TEL ／ 075-551-9966　FAX ／ 075-551-9967
營業時間／11:30 ～ 14:00（最後點餐）、17:00 ～ 20:00（最後點餐）
公休日／週一（若遇假日則改休隔日）
交通方式／從京阪本線「祇園四条」站步行 7 分鐘
https://www.yagenbori.co.jp/shop/u/　【p.167】

⑩鍵善良房本店

〒 605-0073 京都府京都市東山区祇園町北側 264　TEL ／ 075-561-1818
營業時間／飲茶 9:00 ～ 18:00（最後點餐 17:45）
公休日／週一（若遇假日則改休隔日）
交通方式／從京阪本線「祇園四条」站步行 5 分鐘
http://www.kagizen.co.jp/　【p.175】

⑪建仁寺・祇園丸山

〒 605-0811 京都府京都市東山区小松町 566-15
TEL ／ 075-561-9990　FAX ／ 075-561-9991　※ 必須預約
營業時間／11:00 ～ 13:30（最後點餐）、17:00 ～ 19:30（最後點餐）　公休日／不定休
交通方式／從京阪本線「祇園四条」站步行 8 分鐘、搭市巴士至「清水道」站步行 5 分鐘
http://www.gionmaruyama.com/　【p.125】

⑫Bistro SUMIRE Chinese【ビストロ スミレ チャイニーズ】

〒 600-8012 京都府京都市下京区木屋町団栗橋下ル斎藤町 138
TEL ／ 075-342-2208
營業時間／17:00 ～ 25:00（最後點餐 24:00）　公休日／週一、每月第二與第四個週二
交通方式／從阪急京都本線「河原町」站或京阪本線「祇園四条」站步行 3 分鐘
http://www.kyo-sumire.com/　【p.138】

⑬割烹原田【割烹はらだ】

〒 604-0907 京都府京都市中京区河原町通竹屋町上ル西側大文字町 239
TEL ／ 075-213-5890　營業時間／17:00 ～ 23:00　公休日／週一、每月第二個週日
交通方式／從京阪鴨東線「神宮丸太町」站步行 6 分鐘　【p.132】

⑭俵屋（旅館）

〒 604-8094 京都府京都市中京区麩屋町通御池下ル中白山町 278
TEL ／ 075-211-5566　※ 可只用餐不住宿、必須預約
交通方式／從地下鐵東西線「京都市役所前」站步行 5 分鐘　【p.124】

⑮INODA COFFEE 總店【イノコーヒ 本店】

〒 604-8118 京都府京都市中京区堺町通三条下ル道祐町 140
TEL ／ 075-221-0507　FAX ／ 075-221-0530
營業時間／7:00 ～ 20:00　公休日／無休
交通方式／從地下鐵烏丸線、東西線「烏丸御池」站步行 10 分鐘
http://www.inoda-coffee.co.jp/　【p.151】

⑯點邑【点邑】

〒 604-8076 京都府京都市中京区御幸町三条上ル下海老屋町 324-1
TEL ／ 075-212-7778　營業時間／11:30 ～ 13:30、17:00 ～ 21:00

■餐飲店、商店

【地圖A】 **①松乃鰻寮**

〒 606-0016 京都府京都市左京区岩倉木野町 189　TEL ／ 075-701-1577
營業時間／ 12:00 ～ 21:00（最後點餐 19:00）　公休日／不定休
交通方式／叡山鞍馬線「木野」站出站即達　https://unagi-matsuno.com/rakuhoku/　【p.51】

②音戶山山莊・畑善

〒 616-8255 京都府京都市右京区鳴滝音戸山町 6-18
TEL ／ 075-462-0109　FAX ／ 075-462-0108
營業時間／ 11:30 ～ 15:00、17:30 ～ 21:00　※ 必須預約
公休日／週二、每月第三個週一（若遇假日則營業）
交通方式／從 JR「京都」站搭計程車 30 分鐘、JR「花園」站搭計程車 10 分鐘、搭市巴士至「三寶寺」站步行 5 分鐘　【p.127】

③La Boulange ASANO

〒 603-8103 京都府京都市北区小山北玄以町 25 リバーズストリーム鴨 1F
TEL ／ 075-493-1693　營業時間／ 7:30 ～ 18:30　公休日／週四
交通方式／搭市巴士至「上賀茂橋」站即可抵達　【p.154】

④草喰中東【草喰なかひがし】

〒 606-8406 京都府京都市左京区浄土寺石橋町 32-3
TEL ／ 075-752-3500　※ 必須預約
營業時間／ 12:00 ～ 13:00、18:00 ～ 19:00（皆為入店時間）　公休日／週一
交通方式／搭市巴士至「銀閣寺道」站即可抵達　【p.134】

【地圖B】 **⑤濱作本店【浜作本店】**

〒 605-0825 京都府京都市東山区祇園八坂鳥居前下ル河原町 498
TEL ／ 075-561-0330　FAX ／ 075-561-8007　※ 必須預約
營業時間／ 17:00 ～　公休日／週三、每月最後一個週二
交通方式／從京阪本線「祇園四条」站步行 10 分鐘、搭市巴士至「祇園」站步行 3 分鐘　【p.130】

⑥鳥新、TORI新【鳥新・とり新】

〒 605-0087 京都府京都市東山区祇園縄手四条上ル
※ 供應水炊鍋、壽喜燒的「鳥新」，和供應烤雞串的「TORI 新」分開經營。
「鳥新」TEL ／ 075-561-1362　營業時間／ 17:00 ～ 21:00（最後點餐 20:00）
「TORI 新」TEL ／ 075-541-4857　※ 午餐時間僅供應親子丼
營業時間／ 12:00 ～ 14:00、18:00 ～ 22:00（週日與假日～ 21:00）
公休日／週四（可能臨時休息）
交通方式／從京阪本線「祇園四条」站步行 2 分鐘
http://torishin.my.coocan.jp/index1.htm　【p.60】

⑦祇園權兵衛

〒 605-0073 京都府京都市東山区祇園町北側 254　TEL ／ 075-561-3350
營業時間／ 12:00 ～ 20:30（最後點餐）　公休日／週四
交通方式／從京阪本線「祇園四条」站步行 5 分鐘　【p.171】

⑧珈琲Cattleya【珈琲カトレヤ】

〒 605-0073 京都府京都市東山区祇園町北側 284　TEL ／ 075-708-8670

参拜費用／庭園 高中生以上 500 日圓、中小學生 300 日圓（諸堂参拜等費用另計）
交通方式／從 JR「嵯峨嵐山」站步行 13 分鐘、阪急嵐山線「嵐山」站步行 15 分鐘、京福嵐山本線「嵐山」站即可抵達、搭市巴士至「嵐山天龍寺前」或京都巴士「京福嵐山站前」即可抵達
http://www.tenryuji.com/　【p.159】

【地圖 K】　明王院

〒 520-0475 滋賀県大津市葛川坊村町 155　TEL ／ 077-599-2372
参拜時間／ 9:00 ～ 16:30（依時期有所差異）　参拜費用／免費
交通方式／從京阪鴨東線「出町柳」站搭京都巴士至「坊村」站步行 2 分鐘（除冬季外唯週六日 1 日 2 班）　【p.217】

【地圖 K-a】　草津市立水生植物公園水之森

〒 525-0001 滋賀県草津市下物町 1091
TEL ／ 077-568-2332　FAX ／ 077-568-0955
開園時間／ 9:00 ～ 17:00（夏季 7 月 11 日～ 8 月 9 日為 7:00 ～ 17:00，冬季 11 月～ 2 月為 9:30 ～ 16:00），入園時間至閉園前 30 分鐘為止
公休日／週一（若遇假日則改休隔日），黃金週與夏季無休
入園費用／大人 300 日圓、高中與大學生 250 日圓、中小學生 150 日圓
交通方式／從 JR「草津」站搭近江鐵道巴士至「水之森」站步行 25 分鐘
http://www.seibu-la.co.jp/mizunomori/　【p.204】

滋賀縣立琵琶湖博物館

〒 525-0001 滋賀県草津市下物町 1091
TEL ／ 077-568-4811　FAX ／ 077-568-4850
開館時間／ 9:30 ～ 17:00（入館時間至 16:30 為止）
休館日／週一（若遇假日則開館），有臨時休館的可能
參觀費用（常設展覽）／大人 750 日圓、高中與大學生 400 日圓、國中生以下免費
交通方式／從 JR「草津」站搭近江鐵道巴士至「琵琶湖博物館前」站步行 2 分鐘
【p.207】

【地圖 K-b】　大津湖岸渚公園

滋賀県大津市島の関地先～晴嵐 1 地先
TEL ／ 077-527-1555（大津市公園綠地協會）
交通方式／從京阪京津線「濱大津」站步行 10 分鐘
http://otsukoen.org/nagisa　【p.194】

大津港「密西根號巡遊」（琵琶湖汽船預約中心）

TEL ／ 077-524-5000　免費電話／ 0120-050-800
※ 航班時刻表請參考下列網站，或以電話確認。
http://www.biwakokisen.co.jp/　【p.196】

石山寺

〒 520-0861 滋賀県大津市石山寺 1-1-1
TEL ／ 077-537-0013　FAX ／ 077-533-0133
参拜時間／ 8:00 ～ 16:30（入寺時間至 16:00 為止）
參觀費用／國高中生以上 600 日圓、小學生 250 日圓（本堂內陣特別參觀等費用另計）
交通方式／從京阪石山坂本線「石山寺」站步行 10 分鐘、搭京阪巴士至「石山寺山門前」站即可抵達　http://www.ishiyamadera.or.jp/　【p.199】

15 分鐘、搭市巴士至「府立醫大病院前」站步行 3 分鐘
http://nashinoki.jp/　【p.41】

廬山寺
〒 602-0852 京都府京都市上京区寺町通広小路上ル北之辺町 397
TEL ／ 075-231-0355　FAX ／ 075-231-1357
参拜時間／ 9:00 ～ 16:00　參拜費用／大人 500 日圓、中小學生 400 日圓
交通方式／從京阪鴨東線「出町柳」站步行 15 分鐘、地下鐵烏丸線「丸太町」站步行 20 分鐘、搭市巴士至「府立醫大病院前」站步行 5 分鐘
http://www7a.biglobe.ne.jp/~rozanji/　【p.89】

【地圖 E】　**織姬社（今宮神社內）**
〒 603-8243 京都府京都市北区紫野今宮町 21
TEL ／ 075-491-0082（受理時間 9:00 ～ 17:00）　可自由參觀
交通方式／搭市巴士至「今宮神社前」站即可抵達
http://imamiyajinja.org/　【p.174】

【地圖 F】　**千本釋迦堂（大報恩寺）**
〒 602-8319 京都府京都市上京区七本松通今出川上ル
TEL ／ 075-461-5973　參拜時間／ 9:00 ～ 17:00
參拜費用／大人 600 日圓、高中與大學生 500 日圓、國中生以下 400 日圓
交通方式／搭市巴士至「上七軒」站步行 5 分鐘　【p.33】

【地圖 H】　**貴船神社**
〒 601-1112 京都府京都市左京区鞍馬貴船町 180　TEL ／ 075-741-2016
參拜時間／ 6:00 ～ 20:00（12 月 1 日～ 4 月 30 日至 18:00 為止）
授與所開放時間／ 9:00 ～ 16:30　參拜費用／免費
交通方式／從叡山鞍馬線「貴船口」站搭京都巴士至「貴船」站步行 5 分鐘
http://kifunejinja.jp/　【p.51】

鞍馬寺
〒 601-1111 京都府京都市左京区鞍馬本町 1074　TEL ／ 075-741-2003
參拜時間／ 9:00 ～ 16:30　參拜費用／高中生以上 300 日圓
交通方式／從叡山鞍馬線「鞍馬」站步行 5 分鐘（至仁王門）　【p.55】

【地圖 I】　**三室戶寺**
〒 611-0013 京都府宇治市菟道滋賀谷 21　TEL ／ 0774-21-2067
參拜時間／ 8:30 ～ 16:30（11 月～ 3 月至 16:00，於 30 分鐘前停止受理）
參拜費用／大人 500 日圓、兒童 300 日圓（寶物殿參觀費用另計）
交通方式／從京阪宇治線「三室戶」站步行 15 分鐘
http://www.mimurotoji.com/　【p.82】

【地圖 J】　**二尊院**
〒 616-8425 京都府京都市右京区嵯峨二尊院門前長神町 27
TEL ／ 075-861-0687　參拜時間／ 9:00 ～ 16:30　參拜費用／ 500 日圓（國中生以上）
交通方式／從 JR「嵯峨嵐山」站步行 15 分鐘、搭市巴士至「嵯峨釋迦堂前」站步行 10 分鐘
【p.82】

天龍寺
〒 616-8385 京都府京都市右京区嵯峨天龍寺芒ノ馬場町 68
TEL ／ 075-881-1235（受理時間 8:30 ～ 17:30）
參拜時間／ 8:30 ～ 17:30（10 月 21 日～ 3 月 20 日至 17:00）

岬神社（土佐稻荷）
〒 604-8023 京都府京都市中京区蛸薬師通河原町東入ル備前島町 317-2
可自由參拜　交通方式／從阪急京都本線「河原町」站步行 6 分鐘　【p.62】

酢屋
〒 604-8031 京都府京都市中京区河原町通三条下ル一筋目
TEL ／ 075-211-7700　FAX ／ 075-256-6066
「龍馬藝廊」營業時間／ 10:30 ～ 17:00　入館費用／ 500 日圓　公休日／週三
交通方式／從阪急京都本線「河原町」站步行 5 分鐘、京阪本線「三条」站步行 3 分鐘、地下鐵東西線「京都市役所前」站步行 5 分鐘
http://www.kyoto-suya.co.jp/　【p.62】

【地圖 C】　醒井（醒ケ井，和菓子店「龜屋良長」內）
〒 600-8498 京都府京都市下京区四条通油小路西入柏屋町 17-19
TEL ／ 075-221-2005　FAX ／ 075-223-1125
營業時間／ 9:00 ～ 18:00　公休日／無休
交通方式／從阪急京都本線「大宮」站步行 5 分鐘、地下鐵烏丸線「四条」站步行 10 分鐘、搭市巴士至「四条堀川」站即可抵達
http://kameya-yoshinaga.com/　【p.43】

御金神社
〒 604-0042 京都府京都市中京区西洞院通御池上ル押西洞院町 618-2
TEL ／ 075-222-2062　可自由參拜
交通方式／從地下鐵東西線「二条城前」站步行 5 分鐘、搭市巴士至「堀川御池」站步行 5 分鐘　【p.66】

神泉苑
〒 604-8306 京都府京都市中京区御池通神泉苑町東入ル門前町 166
TEL ／ 075-821-1466　FAX ／ 075-821-1461
參拜時間／ 8:30 ～ 20:00　參拜費用／免費
交通方式／從 JR「二条」站或阪急京都本線「大宮」站步行 10 分鐘、地下鐵東西線「二条城前」站步行 2 分鐘、搭市巴士至「神泉苑前」站即可抵達
http://www.shinsenen.org/　【p.69】

武信稻荷神社
〒 604-8801 京都府京都市中京区今新在家西町 38
TEL ／ 075-841-3023　可自由參拜
交通方式／從 JR「二条」站步行 10 分鐘、阪急京都本線「大宮」站步行 5 分鐘、搭市巴士至「壬生車庫前」站步行 2 分鐘　http://takenobuinari.jp/　【p.73】

【地圖 D】　相國寺
〒 602-0898 京都府京都市上京区今出川通烏丸東入　TEL ／ 075-231-0301
參拜時間／ 10:00 ～ 16:00（16:30 關門）　※ 僅限特別參觀時
參拜費用／一般人與大學生 800 日圓、65 歲以上與國高中生 700 日圓、小學生 400 日圓
交通方式／從地下鐵烏丸線「今出川」站步行 15 分鐘、搭市巴士至「同志社前」站步行 15 分鐘　http://www.shokoku-ji.jp/　【p.101】

梨木神社（染井所在地）
〒 602-0844 京都府京都市上京区寺町通広小路上ル染殿町 680
TEL ／ 075-211-0885　FAX ／ 075-257-2624
參拜時間／ 6:00 ～ 17:00 左右 (依季節有所變動，授與所 9:00 ～)　參拜費用／免費
交通方式／從地下鐵烏丸線「丸太町」站步行 20 分鐘、京阪鴨東線「神宮丸太町」站步行

※年末（12月28日～31日）不開放一般參拜
參拜費用／方丈庭園500日圓、三門500日圓、南禪院300日圓不等
交通方式／從地下鐵東西線「蹴上」站步行10分鐘、搭市巴士至「東天王町」或「南禪寺・永觀堂道」站步行10分鐘　http://www.nanzen.net/　【p.86】

赤山禪院

〒606-8036 京都府京都市左京区修学院開根坊町18　TEL／075-701-5181
參拜時間／9:00～16:30　參拜費用／免費
交通方式／從叡山本線「修學院」站步行20分鐘（或搭計程車5分鐘）、地下鐵烏丸線「松崎」站搭計程車7分鐘、搭市巴士至「修學院離宮道」或「修學院道」站步行15分鐘
【p.49】

藤森神社

〒612-0864 京都府京都市伏見区深草鳥居崎町609
TEL／075-641-1045　FAX／075-642-6231
參拜時間／9:00～16:00　參拜費用／免費
紫陽花苑入苑費用／300日圓（從6月上旬起，為期約1個月）
交通方式／從JR「藤森」站步行5分鐘、京阪本線「墨染」站步行7分鐘、搭市巴士至「藤森神社前」站即可抵達　http://www.fujinomorijinjya.or.jp/　【p.82】

常照寺

〒603-8468 京都府京都市北区鷹峯北鷹峯町1　TEL／075-492-6775
參拜時間／8:30～17:00　參拜費用／大人(國中生以上)300日圓、兒童150日圓
交通方式／搭市巴士至「鷹峯源光庵前」站步行2分鐘　【p.82】

金福寺

〒606-8157 京都府京都市左京区一乗寺才形町20　TEL／075-791-1666
參拜時間／9:00～17:00　參拜費用／大人400日圓、國高中生200日圓
※1月16日～31日、8月5日～20日、12月30～31日　不開放一般參拜
交通方式／從叡山本線「一乘寺」站步行15分鐘、搭市巴士至「一乘寺下松町」站步行5分鐘　【p.89】

【地圖A-a】靈山護國神社

〒605-0861 京都府京都市東山区清閑寺霊山町1
TEL／075-561-7124　FAX／075-531-0972
參拜時間／開門8:00～關門17:00（9:00起開放參拜）
參拜費用（墳墓）／大人300日圓、中小學生200日圓
交通方式／搭市巴士至「東山安井」站步行10分鐘
http://www.gokoku.or.jp/　【p.58】

知恩院

〒605-8686 京都府京都市東山区林下町400　TEL／075-531-2111
參拜時間／9:00～16:30（購票時間至16:00）
庭園參觀費用／友禪苑300日圓、方丈庭園400日圓、共通券500日圓
交通方式／從京阪本線「祇園四条」站步行10分鐘、地下鐵東西線「東山」站步行8分鐘、搭市巴士至「知恩院前」站步行5分鐘
http://www.chion-in.or.jp/　【p.96】

【地圖B】六道珍皇寺

〒605-0811 京都府京都市東山区大和大路通四条下ル四丁目小松町595
TEL & FAX／075-561-4129　可自由參拜
交通方式／從京阪本線「清水五条」或「祇園四条」站步行15分鐘、搭市巴士至「清水道」站步行5分鐘　http://www.rokudou.jp/　【p.31】

【附錄】本書主要寺廟・商店・住宿資訊

※ 營業時間、休假日、價格等資訊皆有可能變動，出發前請務必確認最新消息。部分景點需要事前預約。另外，大學內的設施有可能長期歇業，請務必詳加注意。
※ 原則上依照卷末地圖（p.264-p.273）的順序記載。各項資料最後的【頁數】可對應正文之頁數。

■寺廟、觀光景點

【地圖A】

上賀茂神社
〒603-8047 京都府京都市北区上賀茂本山 339　TEL／075-781-0011
参拜時間／10:00～16:00　参拜費／免費（本殿權殿特別参拜費 500 日圓）
交通方式／從地下鐵烏丸線「北大路」或「北山」站搭計程車 5 分鐘、搭市巴士或京都巴士至「上賀茂神社前」站即可抵達
http://www.kamigamojinja.jp/　【p.31】

八坂神社
〒605-0073 京都府京都市東山区祇園町北側 625　TEL／075-561-6155
可自由參拜
交通方式／從京阪本線「祇園四条」站步行 5 分鐘、阪急京都本線「河原町」站步行 10 分鐘、搭市巴士至「祇園」站即可抵達
http://www.yasaka-jinja.or.jp/　【p.31、p.59】

松尾大社
〒616-0024 京都府京都市西京区嵐山宮町 3　TEL／075-871-5016
參拜時間／5:00～18:00（16:00 後禁止進入）　參拜費用／免費
參觀庭園「松風苑三庭」／9:00～16:00（週日與假日至 16:30）、大人 500 日圓
交通方式／從阪急嵐山線「松尾大社」站步行 3 分鐘、搭市巴士或京都巴士至「松尾大社」站步行 3 分鐘
http://www.matsunoo.or.jp/　【p.31】

城南宮
〒612-8459 京都府京都市伏見区中島鳥羽離宮町 7　TEL／075-623-0846
可自由參拜　參觀神苑／9:00～16:30（購票時間至 16:00）、大人 600 日圓
交通方式／從地下鐵烏丸線或近鐵京都線「竹田」站步行15 分鐘、搭市巴士至「城南宮東口」站步行 3 分鐘　http://www.jonangu.com/　【p.31】

平安神宮
〒606-8341 京都府京都市左京区岡崎西天王町 97　TEL／075-761-0221
參拜時間／6:00～18:00（2 月 15 日～3 月 14 日以及 10 月份至 17:30 為止；11 月～2 月 14 日則至 17:00 為止）　參拜費用／免費
參觀神苑／8:30～17:30（3 月 1 日～14 日以及 10 月份至 17:00 為止；11 月～2 月則至 16:30 為止）
神苑參觀費用／大人 600 日圓、兒童 300 日圓
交通方式／從地下鐵東西線「東山」站步行 10 分鐘、搭市巴士至「岡崎公園美術館・平安神宮前」站即可抵達　【p.30】

南禪寺
〒606-8435 京都府京都市左京区南禅寺福地町　TEL／075-771-0365
參拜時間／8:40～17:00（3 月～11 月）、8:40～16:30（12 月～2 月）

生活文化77

京都：夏季遊

おひとり京都の夏涼み

作者—柏井壽
譯者—馮鈺婷
責任編輯—陳萱宇
主編—謝翠鈺
行銷企劃—陳玟利
封面設計—江孟達
美術編輯—菩薩蠻數位文化有限公司

董事長—趙政岷
出版者—時報文化出版企業股份有限公司
108019台北市和平西路三段二四〇號七樓
發行專線—（〇二）二三〇六六八四二
讀者服務專線—〇八〇〇二三一七〇五
（〇二）二三〇四七一〇三
讀者服務傳真—（〇二）二三〇四六八五八
郵撥—一九三四四七二四時報文化出版公司
信箱—一〇八九九　台北華江橋郵局第九九信箱

時報悅讀網—http://www.readingtimes.com.tw
法律顧問—理律法律事務所　陳長文律師、李念祖律師
印刷—勁達印刷有限公司
二版一刷—二〇二三年六月九日
定價—新台幣三八〇元
缺頁或破損的書，請寄回更換

時報文化出版公司成立於一九七五年，
並於一九九九年股票上櫃公開發行，於二〇〇八年脫離中時集團非屬旺中，
以「尊重智慧與創意的文化事業」為信念。

京都：夏季遊/柏井壽作；馮鈺婷譯. -- 二版. -- 台北市：時報文化出版企業股份有限公司, 2023.06
面；　公分. -- (生活文化；77)
譯自：おひとり京都の夏涼み
ISBN 978-626-353-692-0(平裝)

1.CST: 旅遊　2.CST: 日本京都市

731.75219　　112004423

ISBN 978-626-353-692-0
Printed in Taiwan